NICOLAS RUOLT

Marie-Antoinette

Secrets d'Histoire

epa

Introduction

Les grandes femmes de l'histoire de France souffrent d'un double traitement qui rend la lecture de leur vie fort complexe. Puisqu'elles sont femmes, elles n'ont qu'un rôle secondaire, souvent peu ou mal documenté, car non officiel. Favorites, régentes, épouses… le domaine d'influence que l'histoire leur concède est celui de la chambre, où elles s'offrent, conçoivent et accouchent. Puisqu'elles sont femmes cependant, elles fascinent, elles obsèdent, au point parfois que leur personnage historique excède les limites de leur vie véritable.

Si Marie-Antoinette est, parmi les reines, mères et favorites de la cour de France, une des figures les plus difficiles à appréhender et à comprendre dans toute sa complexité, ce n'est pas, comme le laisse entendre une tradition misogyne, car en tant que femme elle serait naturellement duelle, volatile et mystérieuse. C'est bien plutôt car la multiplication des vues sur sa vie, et la création d'autant de mythes sur sa personne qu'il y a d'opinions sur la monarchie, sur la Révolution, sur la vie à Versailles, mais encore sur la mode, sur l'amour ou même sur le saphisme, ne trouvent pas immédiatement, comme c'est le cas pour les personnages historiques traditionnels, qui sont mieux documentés – ce sont des hommes – de contredits factuels et de traces sérieuses propres à indiquer avec précision les contours d'une personnalité historique de premier plan. Si nous trouvons important de souligner ces difficultés, c'est pour pouvoir justement évoquer toutes les facettes de cette reine passionnante, non comme un mystère à résoudre, mais bien comme une personne simple à connaître. Car il semble que le plus grand tort que l'on ait pu faire à la reine Marie-Antoinette, outre sa mort, c'est de lui prêter une vie cachée, qui est le plus souvent celle d'une femme vicieuse, dépensière, incestueuse. Si nous faisons ici le pari qu'elle n'avait rien à cacher, c'est pour deux raisons. La première, c'est que nous écrivons à une époque où aimer un homme d'amour plutôt qu'un époux forcé n'est pas indigne, ni le fait pour une femme d'en aimer une autre, ou encore d'aimer les vêtements et les bijoux. La seconde, c'est qu'elle n'était pas en effet une Mélusine malfaisante, que ses dépenses sont le scandale de l'Ancien Régime et non le sien propre. Enfin, s'il y a lieu de croire que les pamphlets et les libelles destructeurs, les rumeurs et les calomnies ont eu une véritable et louable efficacité politique, et ont permis d'activer le mouvement révolutionnaire au même titre parfois que certains textes des Lumières, il ne faut pas tout de même oublier qu'ils ne sont pas des sources fiables, et qu'ils témoignent d'une vérité biaisée par la caricature et l'outrance.

Voici donc un livre sur Marie-Antoinette, une reine dont le mystère réside surtout dans le regard tronqué et classificateur de ceux qui l'observent, l'admirent ou la haïssent. Pour le dire simplement : née à Vienne, dans une famille à la fois aimante et parmi les plus puissantes d'Europe ; déplacée à Versailles pour des raisons de politique matrimoniale ; jeune et joyeuse Dauphine qui fait, la nuit, la fête dans le jeune et joyeux Paris ; puis mère et reine décapitée par la Révolution française ; Marie-Antoinette est avant tout une femme du XVIIIe siècle, née pour régner selon des règles pluriséculaires sur un royaume en pleine mutation, dans une période de grands changements, et dont elle fut à la fois la bénéficiaire, l'actrice, le témoin et la victime.

Trombinoscope
Les grandes figures autour de Marie-Antoinette

Louis XVI

Fils de Louis de France et petit-fils du roi Louis XV, Louis XVI est né à Versailles le 23 août 1754 et meurt le 21 janvier 1793 à Paris. Titré à sa naissance duc de Berry, il grandit dans l'ombre du duc de Bourgogne, destiné à succéder à son père, et dont le caractère brillant et orgueilleux contraste avec la discrétion de Louis. Ce frère aîné s'éteint à Pâques 1761, et le destin du jeune Louis change définitivement en décembre 1765 lorsque son père décède, ce qui le destine au trône. Marié en 1770 avec Marie-Antoinette, il devient roi en 1774, puis père en 1778, avec la naissance de Madame Royale. Il est connu comme un père de famille aimant, féru de serrurerie et maîtrisant mal des enjeux politiques qui secouent son royaume. Son règne est néanmoins marqué par des tentatives de réformes ambitieuses et l'intervention dans la guerre d'Indépendance américaine. Avec l'aide de Turgot, il élabore un projet d'assainissement des finances de la cour, de rénovation de l'organisation des armées et de justice devant l'impôt qui sera progressivement mis à mal par le soulèvement populaire de la guerre des Farines, la disgrâce de Turgot et les résistances de l'aristocratie. Son règne, marqué ensuite par la personnalité du ministre Jacques Necker, est surtout celui qui verra la Révolution secouer le royaume, imposer la fin de l'Ancien Régime et l'avènement de la république.

Une épouse et une mère – Le sort du fils – Le mariage – Un rôle politique – La fuite à Varennes – La vie au Temple – La mort de Louis XVI

Louis XV

Louis le Bien-Aimé, né le 15 février 1710, est l'arrière-petit-fils du Roi-Soleil, à qui il succède en septembre 1715, à cinq ans. C'est son cousin, Philippe d'Orléans, qui est proclamé Régent du royaume en attendant la majorité du roi. Louis est sacré à Reims en 1722, puis sa majorité est proclamée en 1723, mettant fin à la période de la Régence. Il règne d'abord sur un royaume prospère, dans une période de grande richesse intellectuelle. Sous le ministère de Choiseul, la situation économique favorise les nouvelles aventures dans les Indes et pose les bases des innovations agricoles et industrielles à venir. C'est pendant cette période que vont paraître les œuvres principales des philosophes des Lumières qui mèneront aux contestations sociales et politiques de la fin du siècle. Louis XV est aussi connu pour son amour des femmes. Marié à Marie Leszczyńska, il s'éprend de deux des favorites les plus célèbres de l'Ancien Régime : la Pompadour et la Du Barry, à qui il offre à la fois de somptueux cadeaux et une influence politique considérable. La fin de son règne est marquée par une impopularité croissante, en raison de la pression fiscale trop importante, d'une politique extérieure désastreuse et du gaspillage de la cour. Après un dernier sursaut d'absolutisme qui le fait reprendre le contrôle en disgraciant son ministre Choiseul, le roi succombe en 1774 et laisse un royaume fragilisé à son petit-fils.

Une affaire de diplomatie – Le mariage – Contre la Du Barry – Reine de France et de Navarre

De gauche à droite
Louis Simon Boizot, *Buste de Louis XVI*, 1777, antichambre du Petit Trianon, châteaux de Versailles et de Trianon.
Louis Michel Van Loo, *Portrait de Louis XV*, musée de Châlons-en-Champagne.

Louis Charles

Le second fils de Louis XVI et de Marie-Antoinette est né le 27 mars 1785. Il devient Dauphin de France à la mort de son aîné, le 4 juin 1789. Il subit de plein fouet les troubles de la Révolution, et après avoir quitté Versailles, il suit sa famille aux Tuileries, à Varennes, puis au Temple, où elle est emprisonnée le 10 août 1792. Il est confié à la garde de son père lorsque le couple est séparé en octobre. L'« enfant Capet » retourne auprès de Marie-Antoinette à l'ouverture du procès du roi, en décembre. Le 20 janvier 1793, Louis XVI fait ses adieux à sa famille, avant d'être guillotiné le lendemain. Dès lors, selon le principe de continuité dynastique automatique, Louis Charles devient roi, sous le nom de Louis XVII. En juillet, le Comité de salut public confie le jeune garçon au cordonnier Simon et à sa femme, à qui est dévolue la charge de faire du petit roi un bon républicain que l'on entendra bientôt, dans la cour du Temple, chantonner *Ah ! ça ira* de sa petite voix. Après avoir vu sa mère accusée d'inceste à son encontre, grief relayé par Hébert, il devient de surcroît orphelin en octobre 1793, lorsque la reine est décapitée. Il meurt en 1795 d'un manque d'hygiène et d'un relatif abandon, laissant planer derrière lui la « question Louis XVII » : il est enterré en secret, et des voix émettent la possibilité d'une évasion ; on trouvera pendant des décennies des imposteurs qui se feront passer pour le « petit Capet ».

Une épouse et une mère – Le sort du fils – La fuite à Varennes – La vie au Temple – La reine face à ses juges

Marie-Thérèse Charlotte

Plus connue sous le nom de Madame Royale, et surnommée Mousseline par sa mère, elle est la fille aînée de Marie-Antoinette et de Louis XVI. Née à Versailles le 19 décembre 1778, elle connaîtra le destin fort singulier de rescapée de la Révolution. Quand en 1793 ses parents sont guillotinés, que sa tante Madame Élisabeth meurt ainsi que son frère Louis Charles en 1795, Marie-Thérèse Charlotte apprend depuis la prison du Temple ces morts successives, et échappe cependant à un sort si funeste. Elle est libérée en 1795 par l'armée autrichienne et se rend à Vienne, la ville natale de sa défunte mère, où elle vit en exil. Elle épouse en 1799 son cousin Louis Antoine d'Artois, le fils du futur Charles X. C'est en tant que duchesse d'Angoulême qu'elle rentre en France en 1814, à la faveur de la restauration monarchique et du règne de Louis XVIII. Lorsque ce dernier meurt, en 1824, son frère lui succède, sous le nom de Charles X. Louis Antoine est alors Dauphin, et Madame Royale, après des années de déracinement et de deuil, devient officiellement Dauphine de France. Elle se rangera dans le clan des légitimistes lors de l'avènement de la branche des d'Orléans en juillet 1830, et repartira en exil. Elle mourra en 1851 près de Vienne, considérée par les partisans de la branche Bourbon comme la véritable « reine de France et de Navarre ».

Une épouse et une mère – Le sort du fils – La fuite à Varennes – La vie au temple – La joaillerie – La reine face à ses juges – Une image du martyre

De gauche à droite
Adolf Ulrik Wertmüller, *Marie-Antoinette et ses enfants* (détail), 1785, Musée national, Stockholm.
Adolf Ulrik Wertmüller, *Marie-Thérèse Charlotte, duchesse d'Angoulême*, 1786, château de Lofstad.

François Ier de Habsbourg-Lorraine

Fils de Léopold Ier, duc de Lorraine et de Bar, et d'Élisabeth Charlotte d'Orléans, François est né le 8 décembre 1708 à Nancy. Il est le petit-fils de la princesse Palatine, l'épouse de Monsieur, frère de Louis XIV, et son père est le cousin germain de l'empereur du Saint-Empire Charles VI. À sa naissance, sa situation dynastique n'est pas prometteuse, mais sa place dans l'ordre de succession de sa famille change à l'occasion de plusieurs décès. C'est en tant qu'héritier des trônes ducaux de Lorraine et de Bar qu'il est envoyé à Vienne en 1723 pour parfaire son éducation auprès de l'empereur, qui le traite comme son propre fils. La rencontre avec l'archiduchesse Marie-Thérèse d'Autriche, l'héritière du trône, va être déterminante pour la vie de François. La future souveraine tombe éperdument amoureuse de lui, d'un amour que rien ne viendra éteindre. En 1736, le jeune duc, âgé de vingt-sept ans, épouse l'archiduchesse Marie-Thérèse, avec qui il aura seize enfants. Lors de la guerre de Succession de Pologne, il doit renoncer à ses duchés de Bar et de Lorraine, et se voit en compensation offrir le grand-duché de Toscane. En 1740, à la mort de Charles VI, Marie-Thérèse prend la tête de la maison Habsbourg, mais puisque c'est une femme, elle ne peut prétendre au titre d'impératrice. En 1745, elle fait donc élire François, qui va surtout gérer la fortune de la nouvelle dynastie ainsi créée : les Habsbourg-Lorraine. Il meurt en 1765 à Innsbruck, et est enterré à Vienne au caveau des Capucins.

Archiduchesse d'Autriche – Une enfance viennoise – L'abandon des Habsbourg

Marie-Thérèse

Née le 13 mai 1717 à Vienne, Marie-Thérèse d'Autriche est la fille de l'empereur Charles VI. Elle succède à son père à la tête des possessions héréditaires des Habsbourg en 1740. Malgré la « pragmatique sanction » qui lui assure la possession des domaines héréditaires des Habsbourg, elle doit se battre lors de la guerre de Succession d'Autriche pour s'imposer. Reine de Hongrie, de Bohême et de Croatie, elle doit concéder à son époque de ne porter le titre d'impératrice qu'en tant qu'épouse de François, élu en 1745 grâce à son intervention. Surnommée la Grande, elle s'appuie sur les conseils de son chancelier Kaunitz pour renverser les alliances. Traumatisée par la perte de la Silésie en 1745 lors de la paix d'Aix-la-Chapelle, elle conduira une diplomatie résolument opposée à la Prusse de Frédéric II, et opérera le spectaculaire revirement qui inspirera le mariage de Marie-Antoinette avec le Dauphin de France. Mère de seize enfants, elle mènera une politique matrimoniale particulièrement efficace pour eux. Son mariage avec François fonde la maison de Habsbourg-Lorraine, qui donnera des souverains à l'Europe entière et qui perdure encore à ce jour. Elle songe à abdiquer en 1765, à la mort de son époux, qui la terrasse de douleur, mais continuera néanmoins de régner, notamment en raison de désaccords politiques avec son fils, qui est élu empereur mais reste, jusqu'à la mort de Marie-Thérèse en 1780, son corégent.

Archiduchesse d'Autriche – Une enfance viennoise – D'une mère à une reine – L'abandon des Habsbourg – Une affaire de diplomatie – Un rôle politique

De gauche à droite
Portrait de François Ier, empereur du Saint Empire romain germanique.
Martin II Van Meytens, *Portrait de l'impératrice Marie-Thèrèse d'Autriche*, collection privée.

Hans Axel de Fersen

Connu pour son histoire sentimentale avec Marie-Antoinette, le comte Hans Axel de Fersen descend d'une des familles les plus illustres de la noblesse suédoise. Son père, Fredrik Axel est un homme politique à la tête du parti des Chapeaux, groupe de jeunes aristocrates suédois bellicistes et antiparlementaires. Né en 1755 à Stockholm, le beau Fersen fait en Europe un voyage de formation qui le mène à Paris. Parmi les regards émus qui se posent sur lui, il y a celui de la Dauphine Marie-Antoinette, qui fait sa connaissance en janvier 1774, lors d'un bal. Militaire de carrière, le jeune homme se distingue pendant la campagne d'Amérique auprès du général Rochambeau. Après quelques projets de mariage vite abandonnés, il noue une relation sentimentale avec la reine. D'abord secrète, cette idylle attirera finalement l'attention des mauvais esprits, et sera l'objet d'un procès en libertinage dans les libelles publiés pendant la Révolution. Fidèle à la reine jusqu'à ses derniers instants, il tentera de la faire évader, à Varennes notamment, mais aussi lorsqu'elle sera retenue captive au Temple. De retour en Suède après la mort de sa bien-aimée, Fersen se consacre à sa carrière et devient, en 1801, grand maréchal du royaume. Son caractère hautain lui attire l'animosité du peuple, et il meurt en 1810, massacré lors des funérailles du prince Christian Auguste d'Augustenborg, qu'on le suspecte d'avoir empoisonné.

Un amour suédois – L'abandon des Habsbourg – La fuite à Varennes – La mort de la reine – Une image du martyre – Marie-Antoinette au cinéma

Le comte de Provence

Louis de France, fils du Dauphin et de Marie-Josèphe de Saxe, est né le 17 novembre 1755. Frère du futur roi Louis XVI, il est d'abord titré comte de Provence, jusqu'à l'avènement de son frère en 1774, date à laquelle il prend le titre de Monsieur, et la qualité de second personnage du royaume. Marié à la princesse Louise de Savoie, avec qui il n'aura pas d'enfants, il se distingue en faisant preuve d'une grande libéralité et d'un esprit sensible à la philosophie des Lumières. À l'approche de la Révolution, lors de l'assemblée des notables en 1787, il se prononce pour le doublement de la représentation du tiers état aux États généraux. En 1791, il prend cependant la route de l'exil et va depuis l'étranger créer les conditions d'un rétablissement de la monarchie, en cherchant des alliances et en dirigeant des réseaux d'espions en France. Après la décapitation de son frère en 1793, il prend le titre de régent du royaume, puis devient Louis XVIII à la mort, en 1795, du jeune Louis XVII au Temple. Réfugié d'abord à Vérone puis en Courlande, en Suède, et enfin en Angleterre, il tente de faire valoir ses droits à la Couronne avec des difficultés liées à des finances taries et au faible soutien des puissances européennes. Artisan principal de la restauration d'une monarchie modernisée en 1814, il rend à la France son intégrité territoriale après son démantèlement par les puissances européennes. Il est, en 1824, le dernier roi à mourir sur le trône de France.

Une épouse et une reine – La Révolution

De gauche à droite
Gravure représentant Hans Axel de Fersen, collection particulière.
Joseph Siffred Duplessis, *Louis de France, comte de Provence*, musée Condé, château de Chantilly.

Le comte d'Artois

Petit-fils de Louis XV et frère de Louis XVI, Charles Philippe de France est né le 9 octobre 1757. Dans sa jeunesse, il s'attire une réputation de prince orgueilleux, très intéressé par les femmes, la fête et les jeux. Il fait partie des proches de Marie-Antoinette, qu'il accompagne lors de virées nocturnes à Paris. Il épouse, en 1773, Marie-Thérèse de Savoie, avec qui il a quatre enfants, dont le duc de Berry. Son rôle politique sera marqué par son appartenance aux partis les plus dévots et royalistes les plus fervents, opposés à toute forme de modernité institutionnelle. En 1789, il prend la tête de la noblesse émigrée en fuyant parmi les premiers la France. Il s'attache à mobiliser les puissances étrangères contre le nouveau régime, notamment avec la déclaration de Pillnitz (27 août 1791). De retour en France lors de la Restauration, il sert Louis XVIII en tant que colonel général de la Garde nationale, puis entre dans l'opposition contre le souverain, qui est considéré comme trop modéré par les ultraroyalistes. Il lui succède en 1824 sous le nom de Charles X et cherchera à tout prix à restaurer une version absolutiste de la monarchie. Il finira par se faire chasser du trône par les révolutionnaires de juillet 1830. Son abdication au profit de son petit-fils, refusée par la chambre des députés, fera de lui l'ultime roi Bourbon de l'histoire de France. Il meurt à Görz en Italie, après avoir passé un total de trente années de sa vie en exil.

La vie au Petit Trianon – La coterie de la reine – Une épouse et une mère – Les Polignac – La Révolution

La princesse de Lamballe

Marie-Thérèse Louise de Savoie-Carignan est née à Turin le 8 septembre 1749. Issue de la prestigieuse maison de Savoie, elle épouse en 1767 Louis Alexandre de Bourbon, prince de Lamballe, descendant du comte de Toulouse, fils légitimé de Louis XIV et de la Montespan. Veuve un an après son mariage, elle fréquente Versailles, où son beau-père, le duc de Penthièvre, l'emmène avec lui, et où elle se lie d'amitié avec la reine. En 1771, la jeune veuve blonde aux yeux gris charme Marie-Antoinette. Jeune femme au caractère doux et affectueux, la princesse prend dans le cœur de la reine la place de sa sœur chérie, Marie-Caroline, qui lui manque. En 1774, la reine se sépare de Madame de Noailles et fait revivre pour la princesse la fonction de surintendante de sa maison, charge dont son beau-père négocie âprement les émoluments. Madame de Lamballe sera cependant rapidement supplantée dans le cœur de Marie-Antoinette par Gabrielle de Polignac. La Révolution n'épargnera pas cette princesse, qui, demeurée à Paris par fidélité à sa souveraine, connaîtra une des fins les plus funestes des grands noms de la cour. Le 3 septembre 1792, un groupe d'égorgeurs l'enlève de la prison où elle est retenue depuis le 10 août. Après l'avoir assommée, décapitée et avoir ouvert son corps de part en part, en ne négligeant pas de lui déchirer le sexe, ses assassins promènent dans Paris sa dépouille jusqu'au Temple, afin d'exiger de la reine qu'elle embrasse sa favorite, dont la tête ensanglantée est fichée sur une pique.

La coterie de la reine – La vie au Temple

De gauche à droite
Gravure représentant le comte d'Artois, collection particulière.
Lithographie représentant la princesse de Lamballe, collection particulière.

Madame de Noailles

Dernière née de la famille d'Arpajon, Anne Claude Louise vient au monde le 4 mars 1729. Son père est Louis de Sévérac, et elle descend du grand architecte de Versailles, Jules Hardouin-Mansart. En 1741 elle épouse Philippe, comte de Noailles, avec qui elle aura six enfants, dont trois parviendront à l'âge adulte. Alors que son époux est gouverneur des domaines de Versailles et de Marly, Anne Claude Louise est, jusqu'à la mort de celle-ci en 1768, dame d'honneur de la reine Marie Leszczyńska. L'estime dont elle jouit auprès de l'épouse de Louis XV et des filles du couple royal la désigne, à l'arrivée de Marie-Antoinette, pour l'obtention de la charge de dame d'honneur de la Dauphine. Elle fait partie des envoyés de la cour qui accueillent l'archiduchesse lors de son arrivée en France en 1770. Après que le comte de Noailles a fini son discours de bienvenue, c'est dans la robe de la comtesse que la jeune Autrichienne se jette en larmes, terrifiée par la pompe austère de la cour de France et le départ de sa suite. Choquée par ce manque de tenue, la comtesse rejette brusquement Marie-Antoinette, avec qui les rapports ne seront jamais que froids, méfiants et presque hostiles. Surnommée « Madame Étiquette », la dame d'honneur est éloignée de l'entourage de la reine à l'avènement de Louis XVI. Elle se rapproche de Mesdames pour fustiger le comportement de cette reine trop frivole et trop peu respectueuse des usages. Elle sera, avec son mari, et en vertu de la « loi des suspects » qui marque le début de la Terreur, guillotinée le 27 juin 1794.

La coterie de la reine

Fouquier-Tinville

Antoine Quentin Fouquier-Tinville est né en 1746 à Hérouël, dans une famille aisée de l'Artois. Après des études de droit à Paris, il fait l'acquisition d'une charge de procureur, qu'il occupe de 1773 à 1783, et qu'il doit quitter, sans doute pour des raisons d'inconduite. Homme intelligent et d'une grande éloquence, il s'engage avec enthousiasme dans la Révolution. Il est, en 1792, commissaire du district de Saint-Merri, et participe à la journée insurrectionnelle du 10 août avant d'intégrer le tribunal criminel de Paris. Le 10 mars 1793, Danton le nomme substitut puis accusateur public du Tribunal révolutionnaire. D'abord limité à Paris, son pouvoir s'étend à partir du 16 avril 1794 à toute la France. Pendant les dix-sept mois qu'il occupe ce poste, il requiert et obtient la mort de près de deux mille personnes, parmi lesquelles on compte Philippe Égalité – ci-devant duc d'Orléans, qui a voté la mort du roi – ainsi que Hébert, Danton, Desmoulins et Robespierre. C'est enfin lui qui dirige le procès de la reine Marie-Antoinette. Il sera finalement arrêté par les Thermidoriens. Lors d'un procès qui durera quarante et un jours, on lui reprochera ses sentences de mort automatiques et les jugements qu'il faisait signer en blanc. À ceux qui blâment sa férocité, il répond : « Je n'ai été que la hache de la Convention ; punit-on une hache ? » Il sera condamné à mort et décapité le 7 mai 1795.

La reine face à ses juges – La mort de la reine

De gauche à droite
Gravure colorisée représentant Madame de Noailles, collection particulière.
Gravure représentant Antoine Fouquier-Tinville, collection particulière.

Mirabeau

Honoré Gabriel Riqueti, marquis de Mirabeau, est né le 9 mars 1749. Il impressionne par sa stature, son aplomb, son intelligence et même sa laideur, qui est telle, dit-on, qu'elle est plus fascinante que repoussante. Jeune homme débauché, dépensier jusqu'au comble de la dette, il est emprisonné plusieurs fois à la requête son propre père, dépassé, puis, en 1777, par lettre de cachet après qu'il a enlevé Sophie de Monnier, son grand amour, avec qui il a fui à Amsterdam, bien la belle fût mariée. Détenu pendant trois ans au château de Vincennes, Mirabeau lit et écrit, notamment un *Essai sur les lettres de cachet et les prisons d'État.* Avocat, puis journaliste, il se voit prêter avant la Révolution quelques interventions diplomatiques, notamment en Allemagne. Peu avant les événements révolutionnaires, il se rapproche du duc d'Orléans, et, rejeté par la noblesse, se fait élire député aux États généraux par le tiers état d'Aix-en-Provence. C'est lui qui, le 23 juin 1789, adresse au marquis de Deux-Brézé cette phrase restée célèbre : « Allez dire au roi que nous sommes ici par la volonté du peuple et que nous n'en sortirons que par la force des baïonnettes. » Il prône une monarchie constitutionnelle forte, et entre secrètement au service de Louis XVI en mai 1790. Sa mort, le 2 avril 1791, provoque un deuil national, mais la découverte des preuves de son double jeu dans l'« armoire de fer » du roi fait que l'on retirera bientôt son corps du Panthéon, où on l'avait inhumé.

La Révolution – La mort de Louis XVI

La comtesse de Polignac

Yolande Martine Gabrielle de Polastron est née le 8 septembre 1749 dans une famille de très ancienne noblesse, tellement endettée néanmoins qu'elle ne peut soutenir le niveau de vie de Paris, qu'elle doit quitter. Mariée en 1767, alors qu'elle est âgée de seize ans, au comte Jules de Polignac, elle s'allie ainsi avec une famille aussi vieille et presque aussi endettée que la sienne. Jules est le neveu de « Madame Étiquette », la célèbre comtesse de Noailles, si peu aimée de la Dauphine. La comtesse de Polignac rencontre la future reine en 1770 à Versailles. Touchée par la beauté de la jeune fille, et par sa sincérité quand cette dernière lui confesse n'avoir point les moyens financiers de paraître souvent à la cour, Marie-Antoinette fait d'elle sa favorite, toute-puissante, comblée d'honneurs et de biens pour elle-même et les siens. À partir de 1774, elle est au centre du cercle le plus intime de la reine. Elle est faite duchesse en 1780, puis, à la grande surprise de la cour, elle devient gouvernante des enfants de France en 1782, titre jusque-là réservé à la puissante famille de Rohan. Elle a, de son mariage avec le comte Jules, quatre enfants. Considérée par l'opinion publique comme une femme aux mœurs légères, soupçonnée de relations saphiques avec la reine, elle doit fuir Versailles dès les premiers temps de la Révolution. Son exil la conduira en Suisse, en Italie puis en Autriche, où elle succombera en 1793, cinquante jours après la reine.

La vie au Petit Trianon – La coterie de la reine – Une épouse en une mère – Les Polignac – La Révolution

De gauche à droite
Joseph Boze, *Honoré Gabriel Riqueti, comte de Mirabeau*, 1789, châteaux de Versailles et de Trianon.
Louis Carrogis Carmontelle, *Madame la comtesse de Polignac*, 1760, musée Condé, château de Chantilly.

L'ambassadeur Mercy d'Argenteau

Florimund Claude, comte de Mercy d'Argenteau, est né le 20 avril 1727 à Liège. Son père, le comte d'Argenteau, avait été adopté par un cousin sans descendance, qui lui avait offert le nom de Mercy, ainsi que le comté lorrain du même nom. Le jeune homme se dirige sans tarder vers une carrière diplomatique au service de l'empire d'Autriche, qu'il débute auprès de Kaunitz à Paris avant d'être, en 1754, ministre plénipotentiaire à Turin. Il obtient ensuite l'ambassade de Saint-Pétersbourg, passe quelque temps à Varsovie, puis deux ans à Vienne avant d'être nommé, en 1766, ambassadeur d'Autriche à Paris. Depuis leur rencontre, Kaunitz pensait pouvoir faire de ce diplomate intelligent mais sans éclat un exécutant fiable pour la politique de Marie-Thérèse. Mercy profite de son poste à Paris, ville qu'il apprécie, et où son aisance financière lui permet de mener une vie agréable. En 1770, il s'éprend d'une jeune cantatrice qu'il épousera pendant la Révolution, après quelques années d'une relation secrète. Si sa réputation est déjà bonne à Paris, il devient bientôt indispensable à Vienne lorsque l'arrivée de la jeune Marie-Antoinette inaugure la navette diplomatique qui liera l'impératrice à sa « Toinette », via Mercy et par un courrier secret qui rapporte à la mère tous les faits et gestes de sa fille. Il quitte Paris en 1789, et il est nommé représentant de l'empereur à Bruxelles, puis en 1794 à Londres, où il meurt le 25 août.

La coterie de la reine – L'abandon des Habsbourg – Reine de France et de Navarre – Un rôle politique – Les Polignac – La joaillerie

Léonard Alexis Autié

Fils de deux domestiques de Gascogne, né en 1751, ce coiffeur virtuose et novateur, aussi connu sous le seul nom de Léonard, s'installe à Paris en 1769. Il suscite l'attention des grandes dames du royaume, dont celle de la comtesse Du Barry, mais c'est avec Marie-Antoinette qu'il va connaître un succès spectaculaire. À partir de 1775, Léonard la fera bénéficier de ses créations les plus extravagantes. Grâce à cette cliente prestigieuse, il s'attire la crème de la société parisienne, qu'il coiffe de perruques dites « à pouf ». Il s'agit d'une carcasse haute et large de près d'1 mètre, sur laquelle un enchevêtrement de faux cheveux, de gaze, d'épingles et de rubans permet de piquer, au gré des modes et de l'actualité, des ornements dont le renouvellement est quotidien. Grâce à la fortune amassée par son commerce, il peut ouvrir une école de coiffure et faire monter ses frères à Paris, qui entrent dans la carrière et, pour accélérer leur propre réussite, se font tout simplement appeler Léonard. Le cheveu néanmoins n'est pas la seule passion de l'aîné des Léonard, qui ouvre en 1788 le théâtre de Monsieur, où il exploite à l'année un répertoire d'opéra italien qui attire un public nombreux. Il quitte la France à la Révolution, après que son frère cadet, Jean-François, a contribué à l'échec de la fuite à Varennes. Il meurt à Paris en 1820, après être revenu, en 1814, dans cette ville qui avait coupé toutes les têtes qu'il avait coiffées.

La fuite à Varennes – La mode

De gauche à droite
Portrait de Florimund Claude de Mercy d'Argenteau.
Portrait de Léonard Alexis Autié, dit Léonard.

Jacques René Hébert

Jacques René Hébert est né à Alençon le 4 novembre 1757, d'un père orfèvre et échevin de la cité, et d'une mère issue d'une famille de marchands nobles et aisés. Il fait ses études au collège d'Alençon, mais il doit bientôt quitter la ville pour une affaire de justice. Il arrive à Paris en 1780, y passe plusieurs années d'une vie désargentée. Après avoir tenté la publication de diverses brochures, il connaît finalement le succès en 1790 avec son *Père Duchesne*, journal dans lequel son alter ego se rend célèbre par ses « fureurs » et ses « grandes colères ». Il devient un des journalistes les plus influents de la Révolution. Sa plume, d'abord modérée, s'aiguise peu à peu, jusqu'à atteindre un tranchant qu'il faut bien, en août 1792, comparer à celui de la guillotine, tant un trait trop virulent d'Hébert peut faire tomber bien des têtes dans le funeste panier. Il devient, à cette période, substitut du procureur de la commune de Paris et, continuant son ascension vers des sommets de gouaille contre le « cornard Capet », il se déchaîne lors du procès de Louis XVI, jusqu'à s'attirer les foudres de la faction girondine, plus modérée. Il est arrêté, puis relâché sous la pression populaire, mais il finira par lasser même ses adorateurs lorsqu'au procès de la reine il lancera une accusation d'inceste ; elle choquera jusqu'au Comité de salut public, déjà fatigué de ses outrances. Dans la nuit du 13 au 14 mars 1793, Hébert est arrêté. Jugé par le Tribunal révolutionnaire, il est exécuté le 24 mars.

Le sort du fils – Caricature royale – La reine face à ses juges

Rose Bertin

Surnommée « ministre des Modes », la modiste de Marie-Antoinette est née à Abbeville, le 2 juillet 1747. Elle grandit dans cette région vouée au textile, dans un milieu plutôt modeste. Son éducation lui ayant permis d'apprendre à lire, à écrire et à compter, elle peut vite évoluer à son arrivée à Paris, où elle entre à l'âge de seize ans dans la maison du Trait galant. Après s'être attiré les faveurs de la princesse de Conti et de la duchesse de Chartres, elle parvient à ouvrir sa propre boutique en 1773. À l'enseigne du Grand Mogol, elle s'installe d'abord rue Saint-Honoré, puis rue de Richelieu, dans le quartier du luxe. Le métier de Mademoiselle Bertin est fort varié, car elle se charge à la fois de garnir les robes, mais aussi de fournir les accessoires, les coiffures, ou encore les bijoux. Avec Marie-Antoinette, elle bouscule les codes en limitant par exemple l'utilisation des encombrants paniers. Elle s'associe autour de 1775 avec le coiffeur Léonard et devient la modiste préférée des Parisiennes. Sa relation avec la reine est inédite, dans la mesure où elle peut véritablement lui proposer d'innover. En échange, Marie-Antoinette garde l'exclusivité des pièces les plus belles, que Rose ne propose que plus tard à ses nombreuses clientes. Elle continue de servir sa clientèle pendant la Révolution, ainsi que la reine, jusqu'au Temple. Elle meurt en 1813 dans son domaine d'Épinay-sur-Seine, après avoir influencé la mode de toutes les cours européennes.

La mode

De gauche à droite
François Bonneville, *Jacques René Hébert*, Bibliothèque nationale de France.
Jean-François Janinet, *Rose Bertin*, collection particulière.

Une femme

Marie-Antoinette est née dans une famille singulière : contrairement à la tradition dans la majorité des grandes maisons européennes, c'est sa mère qui dirige les possessions des Habsbourg. Éduquée néanmoins comme une femme dont le destin n'est d'être qu'épouse et mère, elle restera toujours tiraillée entre l'éducation et l'exemple.

Archiduchesse d'Autriche

Reconnue dans le monde entier comme un symbole de la monarchie française, Marie-Antoinette, ne l'oublions pas, est née autrichienne…

Marie-Antoinette de Habsbourg-Lorraine, née à Vienne, fille de l'impératrice Marie-Thérèse, épouse du roi Louis XVI, morte veuve Capet sur un échafaud de bois rougi sur une place parisienne – où les ennemis de la Révolution entraient sur des charrettes et repartaient sans leur tête – n'est pas née en 1755. Elle n'est en outre pas morte en 1793. Elle fait partie de cette catégorie de personnages historiques qui excèdent les bornes de leur propre vie. L'origine de ses malheurs remonte à bien avant sa naissance, et les conséquences de ses actions continueront bien après sa mort physique. Ainsi, avant de raconter la vie de la plus célèbre des reines de France, il semble indispensable de présenter la maison qui a accueilli sa naissance, et dont l'héritage et les coutumes s'exprimeront jusqu'à la cellule de la Conciergerie où elle passera ses derniers jours. Là, dans la physionomie de cette femme oppressée par les murs de pierre froide, dans des vêtements indignes, affaiblie, vieillie, blafarde, on décèlera, jusqu'à la fin, ce haussement de sourcil caractéristique, l'oblique de ce regard hautain et toutes les expressions de majesté dont elle hérita en naissant dans l'une des maisons les plus prestigieuses de l'Europe du XVIIIe siècle.

Son père François, une fois n'est pas coutume, n'est pas le plus illustre de ses deux parents. Il fait néanmoins partie de la plus haute aristocratie européenne. La dynastie de Lorraine est très proche de la maison de Habsbourg d'Autriche, et le père de François, Léopold Ier, l'envoie même à Vienne à l'âge de quinze ans, où l'empereur Charles VI l'élève comme son propre fils. La mère de François – qui est donc la grand-mère de Marie-Antoinette – est Élisabeth Charlotte d'Orléans, la fille de Monsieur, frère de Louis XIV, et de la célèbre princesse Palatine. Lorsque François est promis par l'empereur à sa fille, l'archiduchesse Marie-Thérèse, cette alliance des plus illustres noms de l'aristocratie européenne est, de plus, soutenue par l'émotion d'un jeune couple qui s'éprend d'un amour sincère : François est beau, Marie-Thérèse le trouve à son goût. Cela n'est pas sans importance, car cette archiduchesse n'est pas n'importe qui. C'est elle en effet qui est, en vertu de la « pragmatique sanction » de 1713, l'héritière des possessions patrimoniales des Habsbourg. Cette disposition négociée par Charles VI en pleine période d'incertitudes dynastiques – fin de la guerre de Succession d'Espagne, absence d'héritiers mâles – fait qu'à sa naissance, en 1717, Marie-Thérèse est l'héritière de l'archiduché d'Autriche, du royaume de Hongrie et de celui de Bohême. L'édit promulgué pris par l'empereur défunt n'empêche cependant pas les difficultés de la fille qui, à la mort de ce dernier, doit se battre contre les prétentions de ses cousins : Saxe, Bavière et Prusse s'appliquent, avec l'appui de la France et de l'Espagne, à affaiblir la maison d'Autriche. Elle tirera de ce début de règne contesté et houleux la force et la détermination qui feront par la suite sa grandeur.

En 1745, elle règne de fait sur l'Empire, un ensemble aussi vaste que dissemblable, qui s'étend du Rhin au Danube et de la mer du Nord à l'Adriatique. Ne pouvant néanmoins, en tant que femme, obtenir le titre impérial, elle fait élire son mari en 1745, et elle s'élève ainsi au rang d'impératrice, mais en tant qu'épouse seulement. L'histoire – et sa jeune fille Marie-Antoinette – sait quel fut le véritable rôle de cette dirigeante et mère à poigne, fervente catholique, diplomate hors pair et souveraine sans égale, qui saura s'entourer de conseillers fidèles et talentueux. La nouvelle maison de Habsbourg-Lorraine, qui est née de ce mariage, sera bénie par la naissance de seize enfants, destinés aux trônes les plus prestigieux : une petite fille, surnommée Antonia, et connue sous le nom de Marie-Antoinette, naît en 1770 dans ce qui semble être le berceau le plus douillet que l'on puisse offrir à un nouveau-né.

Martin II Van Meytens, *L'Archiduchesse Marie-Antoinette de Habsbourg-Lorraine*, vers 1767-1768, château de Schönbrunn.
C'est surtout à son œil vif et à son maintien parfait que l'on décèle en cette jeune archiduchesse la future reine de beauté et de grâce qu'elle deviendra en France. On dit même que ses traits n'avaient pas encore la finesse de ceux qui séduiront tant d'hommes à la cour de Versailles. Sur cette représentation, on remarque toutefois la beauté de ses yeux clairs.

Une enfance viennoise

Marie-Antoinette a tôt quitté son pays natal. La nostalgie d'une enfance heureuse la suivra jusque dans son domaine de Trianon ou dans ses escapades parisiennes nocturnes.

Il faut assister un matin à un lever de soleil sur le palais de Schönbrunn, à Vienne, pour se faire une image de ce qu'a été l'enfance de Marie-Antoinette. Grandir dans ce joyau construit à la fin du XVIIe siècle ne peut laisser personne indemne. Sa couleur jaune d'or rehaussée par les rayons matinaux contraste avec la grise sobriété de la sévère Hofburg, au centre de la ville. Sis dans un parc verdoyant, ce palais d'agrément rejoint au printemps par la famille impériale fut le lieu où Marie-Antoinette, ses frères et ses sœurs passèrent les plus belles heures de leur enfance. L'architecture baroque y est à l'image de la vie qui y fut menée, à la fois majestueuse et familière, grandiloquente et chaleureuse, comme l'aube. Là, dans les appartements des enfants, domaine pour ainsi dire déserté par l'impératrice et son époux, vivent les rejetons impériaux, jouant et étudiant, riant comme on rit à cet âge, dans l'antichambre de leurs destins.

C'est presque le tableau d'une enfance moderne et bourgeoise que l'on observe dans les salons de la résidence d'été. Il faut dire qu'à l'inverse de beaucoup de familles régnantes, il y a de l'amour dans l'union des Habsbourg et des Lorraine. Marie-Thérèse aime François, François aime ses enfants, et les frères et sœurs ne dérogent pas en se liant les uns aux autres d'une affection véritable. Toinette (c'est l'autre surnom de Marie-Antoinette) et Maximilien, les deux petits derniers de la fratrie, jouissent d'un statut particulièrement douillet. Leurs aînés les adorent et les protègent en faisant, c'est charmant, leurs devoirs à leur place ! La petite Marie-Antoinette est plus fortement liée avec Marie-Caroline, de trois ans son aînée, qui la chérit et la protège. On entend alors constamment rire aux éclats les deux jeunes filles, qui excellent par-dessus tout dans l'art de la moquerie. Ces rapports de grande proximité entre les frères et sœurs se trouvent par ailleurs permis par une espèce de lassitude des adultes en charge de leur éducation et qui, après avoir été d'une grande fermeté avec les aînés, finissent par adopter une posture plus permissive auprès des derniers.

Mais cette liberté n'est pas sans conséquence, et lorsque Marie-Thérèse élabore son grand projet d'une alliance politique et matrimoniale avec la France, elle doit se rendre à l'évidence : Marie-Antoinette, promise au futur Louis XVI, n'a pas été élevée. Piètre étudiante, elle lit et écrit mal l'allemand et le français. Pire, on réalise que sa gouvernante, Madame de Brandeiss, couvre depuis longtemps les lacunes de la jeune fille en présentant à sa mère des devoirs falsifiés ! On raconte notamment que, pour faciliter la tâche de la princesse, elle préparait des devoirs écrits au crayon, et Marie-Antoinette n'avait plus qu'à les repasser à l'encre avant de les rendre à ses professeurs ! On imagine la surprise de l'impératrice lorsque sa fille, prise au dépourvu, ne se révèle capable devant elle que de tracer un illisible gribouillis. Un rapport de l'abbé de Vermond, envoyé de France auprès de la future Dauphine, nous renseigne sur les résultats de cette enfance viennoise qui va bientôt s'achever par une reprise en main urgente : « Son caractère, son cœur sont excellents […] malheureusement, cet esprit n'a été accoutumé à aucune contention jusqu'à douze ans. »

Martin II Van Meytens, *François Ier du Saint Empire et sa famille sur la terrasse du château de Schönbrunn* (détail), 1756, châteaux de Versailles et de Trianon.
Marie-Antoinette a grandi dans une famille nombreuse, et cette toile rend hommage à sa mère, Marie-Thérèse, femme forte, impératrice, épouse et reine, et qui mène ces rôles de front. Schönbrunn, où cette scène se tient, est surtout le lieu de la réussite politique et familiale de l'impératrice.

D'une mère à une reine

Ce n'est pas parce que Marie-Antoinette quitte Vienne en 1770 que sa mère, Marie-Thérèse, va rompre les liens avec sa fille. C'est même tout le contraire…

Il ne serait que très peu exagéré d'affirmer que Marie-Thérèse, alors qu'elle négocie avec ses diplomates l'alliance qui devra faire se rencontrer enfin les destinées des maisons de Bourbon et de Habsbourg n'a pas encore véritablement rencontré celle qui devra en être le personnage principal : sa fille Marie-Antoinette. Depuis 1766, elle fait envoyer ses portraits à Louis XV, sans prendre la mesure de l'impréparation de cette jeune fille au rôle auquel elle la destine. Ce n'est pas qu'elle se soit désintéressée plus particulièrement de l'éducation de Toinette : les affaires d'État l'ont depuis longtemps accaparée, et elle n'a vraiment élevé aucun de ses enfants. Lorsque l'impératrice prend conscience du travail à effectuer sur sa fille de treize ans, elle commence par la séparer de sa sœur chérie et lui donne toute une nouvelle compagnie d'instructeurs et d'instructrices qui ont pour mission de rattraper le retard accumulé. Bien qu'elle soit pour sa part reine et impératrice de plein droit, elle connaît le rôle et la fonction d'une reine épouse, et son premier souci sera donc de faire de sa fille une bonne danseuse qui parle correctement français…

Puisque Toinette est promise au Dauphin de France, son éducation n'est plus seulement une affaire viennoise. Ainsi, c'est le ministre français Choiseul – qui est depuis des années à l'initiative de cette alliance – qui sera chargé d'envoyer le personnel éducatif ad hoc. C'est l'abbé de Vermond qui est désigné. Cet homme simple et modeste, docteur en Sorbonne, arrive à Vienne en décembre 1768, âgé de trente-trois ans, et avec peu d'expérience en matière de pédagogie. L'abbé, qui rend des comptes à la France et à l'impératrice, va gagner rapidement l'affection de l'élève, avec qui les liens ne feront que se renforcer à l'avenir. Toutefois, Marie-Thérèse n'entend pas se laisser retirer sa fille sans garder sur elle, sur son destin et sur ses fonctions futures, un regard et un contrôle à la fois fermes et affectueux. Deux mois avant le grand départ, ne pouvant s'occuper de sa fille durant le jour, elle la fait coucher sur un lit de camp dans sa propre chambre pour l'entretenir et la conseiller. Plusieurs éléments l'inquiètent au plus haut point, notamment les mœurs de Louis XV, qui entretient, dans la lumière crue de Versailles, ses favorites toutes-puissantes. Cette mère très croyante, épouse très fidèle, voit en Versailles un lieu de déchéance morale contre lequel elle tient à prévenir sa fille. Ces conversations nocturnes sont autant de leçons de morale et de prescriptions de bonne conduite. L'impératrice entend aussi entretenir Marie-Antoinette de sujets liés à la vie conjugale. Elle a appris par Madame de Brandeiss que son autre fille la jeune reine de Naples a vécu de pénibles expériences et a prévenu sa sœur contre ces épreuves de la nuit de noces. Marie-Thérèse s'applique à faire taire chez son Antonia tout espoir de « fol amour », et montre les avantages de la docilité à une enfant qu'elle trouve trop sensible aux plaisirs de la vie.

Le 7 mai 1770, lorsque Marie-Antoinette est remise à la France, on lui donne une lettre de sa mère, qui sera la première d'une correspondance longue et continue. Une poste spéciale, secrète, transitant par Bruxelles pour échapper aux lecteurs indiscrets de la Couronne de France, liera les deux femmes jusqu'à la mort de l'impératrice. Dès lors, les conseils intimes, politiques et de conduite continueront d'accompagner la Dauphine puis reine, toujours dans la lignée de cette missive initiale où elle a pu lire : « La femme est soumise en tout à son mari et ne doit avoir aucune occupation que de lui plaire et de faire ses volontés »… Mais ce conseil d'abnégation et de soumission, prodigué par une femme aussi puissante qu'inflexible, comporte une contradiction qui ne sera pas sans conséquences sur le rapport complexe qu'entretint Marie-Antoinette avec sa couronne.

Johann Georg Weikert (attribué à), *Marie-Antoinette dans « Le Triomphe de l'amour »*, 1778, châteaux de Versailles et de Trianon.
Marie-Antoinette et ses frères Ferdinand et Maximilien lors d'un ballet d'enfants donné à Vienne, au château de Schönbrunn, pour le mariage de Joseph II et Marie-Josèphe, en janvier 1765. De son éducation viennoise, Marie-Antoinette a gardé la mémoire de la place prise par la danse, la musique et les arts. Une curieuse légende avance même qu'elle a joué sur les genoux de Mozart, alors même qu'ils n'ont qu'un an d'écart !

La vie au Petit Trianon

Si Versailles est mondialement admiré comme un chef-d'œuvre de l'architecture classique, en tant que lieu de vie, il semble qu'il ne fut pas tout à fait au goût de la reine…

Parmi les conseils que Marie-Thérèse prodigue à sa fille, on trouve cette remarque sur l'importance de l'étiquette : « J'en connais tout l'ennui et le vide : mais croyez-moi, s'il n'y en a pas, les inconvénients qui en résultent sont bien plus essentiels que les petites incommodités de la représentation. » C'est pourtant cet ensemble contraignant de règles héritées de décennies de vie de cour que la reine va chercher à éviter dès le début de son règne. Depuis son arrivée à Versailles en 1770, elle a profondément souffert de la rigidité de la mise en scène de sa vie dans ce palais, qui ne semble avoir d'autre fonction que de focaliser les regards sur elle – qui cherche pourtant à les éviter. Contrairement à ce que semble indiquer son goût pour la mode et sa visible gaieté, Marie-Antoinette ressent un profond besoin de solitude, qui, coexistant avec le souvenir de sa jeunesse viennoise à l'abri des regards, va créer chez elle le désir d'un abri où se ressourcer. À la mort de Louis XV, en 1774, le Dauphin et la Dauphine deviennent roi et reine de France, et Louis XVI offre à sa reine un domaine qui avait jusque-là servi de décor aux amours de son père : Trianon.

Ce chef-d'œuvre de style néoclassique, aux dimensions modestes avec ses – seulement – huit pièces principales, se situe à douze minutes à pied de Versailles. C'est à Jacques Ange Gabriel qu'a été confiée la réalisation de cette résidence initialement bâtie pour Madame de Pompadour. Ajoutées à son plan carré, et d'inspiration antique, ses dimensions et la pureté de ses formes en font une apparition d'une grande beauté dans le parc, où elle siège à l'abri des regards. C'est la Du Barry qui a joui jusqu'alors de la demeure, car la Pompadour n'était plus de ce monde quand son érection en fut achevée. Marie-Antoinette, qui en hérite enfin, commence par commander de nouveaux jardins, à la mode anglaise, où le promeneur se perd dans ses lectures philosophiques et dans les courbes des allées qui contournent quelques buttes artificielles qui font mine d'être des accidents de la nature. Une grotte, un belvédère, un temple de l'amour, agrémentent cet « Élysée » inspiré par la parution en 1761 de *La Nouvelle Héloïse* de Rousseau.

Nous disions qu'il y a douze minutes entre Versailles et Trianon, mais la distance qui s'instaure entre la cour et le domaine privé de la reine est, symboliquement, infinie. À Trianon, elle est chez elle. Le roi lui en offre la clé, et lui-même, bien que son époux, n'y dormira jamais. Lors de ses nombreuses visites, il rentrera toujours au château pour ne pas empiéter sur le domaine de sa reine. Ici, c'est elle qui donne les ordres, son chiffre est partout sur la vaisselle et le linge de cette maison où les règles qui prévalent à Versailles sont abolies au profit de celles d'un bien-être sans contrainte. Les rares privilégiés qui accompagnent les séjours à Trianon ne sont pas ceux qui, selon les lois inflexibles de la préséance, devraient être à tout moment présents auprès de Sa Majesté. Seuls les « vrais » amis sont autorisés. Ce sont de jeunes courtisans gais aux visages fins qui fréquentent ces jardins et jouissent des fêtes qui y sont données, sur invitation seulement. Allant à l'encontre de la règle de publicité du pouvoir monarchique, Marie-Antoinette, cachée à Trianon, déroge à son devoir au profit d'une volonté de plaisirs simples qu'elle paiera très cher. Elle contrevient en outre à la règle qui, depuis des décennies, compose l'entourage des souverains en fonction, non des affinités, mais du rang des courtisans.

Ainsi, la rumeur fera de Trianon, de sa grotte à l'abri des regards et de son temple de l'Amour, le théâtre des pires actions de la reine et de ses proches. Cet Artois, cette Polignac, sont soupçonnés de mœurs dissolues ; on prête des relations infidèles à la reine ; on exècre enfin le petit jeu de cette châtelaine campagnarde qui joue à n'être pas reine, ou plutôt qui se croit reine de Trianon, oubliant qu'elle est reine de France.

Chambre de Marie-Antoinette au Petit Trianon à Versailles.
Les dispersions liées à la Révolution française n'ont pas épargné le Petit Trianon, mais le travail des conservateurs de Versailles permet d'avoir une idée précise de l'ambiance à la fois intime et douce qui faisait l'agrément des séjours à Trianon. On note l'importance des motifs floraux et des tons de ces meubles aux lignes simples et caractéristiques.

Un amour suédois

En Suède, ce fils d'un grand seigneur est un aristocrate orgueilleux mis à mort par le peuple ; en France, il est le bel amant, mystérieux et fidèle, de la reine…

Le 30 janvier 1774, la Dauphine assiste à l'Opéra à un de ces bals masqués qu'elle affectionne. Dans ces soirées où elle aime frayer dans la foule sans être reconnue, elle peut, pour quelques instants, se donner l'impression que l'on ne parle pas à la future reine, mais à la jeune femme. Elle connaît les procédés de sédimentation linguistique qui ont fait se figer avec l'étiquette et le temps la langue avec laquelle on s'adresse à elle. Elle sait donc qu'aucune parole sincère ne peut lui être adressée, de la même manière qu'il lui est interdit de répondre à sa guise. Alors comment imaginer ce qu'elle a dû ressentir lorsqu'un jeune officier suédois, connu pour sa beauté renversante, lui a adressé un de ces mots simples que les jeunes hommes adressent aux jeunes femmes, et que sans façon, cette jeune femme-là, faisant taire hardiment la Dauphine, y a répondu. L'échange dure quelques minutes, et il est scruté tant à cause de sa longueur que par son avant-goût de scandale. Bientôt Marie-Antoinette ôte son masque, et on la reconduit dans sa loge, alors que Fersen voit s'évanouir les espoirs qu'il nourrit déjà peut-être pour la nuit qui s'annonce.

Qu'a bien pu dire le beau Nordique à Marie-Antoinette pour que celle-ci, pourtant habituée à ces échanges volés lors des sorties nocturnes et masquées qu'elle s'accorde alors, se souvienne aussi précisément de cet homme-là ? Le 25 août 1778, il se présente une nouvelle fois à elle, dorénavant reine de France, et alors que le comte de Creutz croit introduire l'héritier d'une des familles les plus influentes et riches de la noblesse suédoise, chacun s'étonne de la réponse de la reine, qui ne cache pas sa joie : « Ah ! C'est une vieille connaissance ! » Le Suédois va alors jouir des faveurs de Marie-Antoinette, visiblement éprise. Il est invité chez elle les soirs de jeu, où elle lui adresse régulièrement des paroles moins libres, certes, que celles qu'ils ont échangées à l'Opéra, mais qui ont l'avantage de pouvoir s'épanouir soir après soir. En mars 1780, devant l'incontestable émotion de la reine, Fersen, qui n'est pourtant pas homme à laisser les ardeurs féminines sans réponse, quitte le royaume. C'est que cet aristocrate a des valeurs, sa famille est importante, et il ne peut décemment pas se risquer dans un tel commerce intime avec la reine de France.

Lorsqu'il est retour en 1783 après avoir fait ses armes lors de la guerre d'Indépendance américaine, il semble que ses sentiments aient changé de nature. Il décide de s'établir en France et paraît plus que jamais hostile à l'idée de se marier. Il écrit à sa sœur : « Je ne puis être à la seule personne à qui je voudrais être, ainsi je ne veux être à personne. » Cette « seule personne » n'est autre que la reine. Les obligations militaires et diplomatiques du noble suédois l'amenant à voyager énormément, la relation des amants est très largement épistolaire. On sait toutefois par des recoupements de lettres que des espaces à Trianon et à Versailles étaient aménagés pour permettre leurs rencontres. À la question de savoir si cette relation fut charnelle, les historiens hésitent. Une chose apparaît sûre : s'il y a eu une évolution de cette nature, cela s'est fait après que la reine a fait savoir au roi qu'elle ne souhaitait plus avoir de nouvelle grossesse, et que Louis XVI a accepté. Le devoir dynastique de Marie-Antoinette lui interdit de faire planer le moindre doute sur la lignée royale, mais celui-ci disparaissant, il devient imaginable qu'après 1787 les deux amants se soient offerts l'un à l'autre. Qu'importe au fond, et cela n'ajouterait ni n'amputerait rien à cet amour qu'il soit – ou non – consommé. Cette question fort empreinte d'une certaine misogynie, sera d'ailleurs au centre de nombreuses caricatures injurieuses. Ce qui compte à la fin, c'est que Fersen et la reine soient restés fidèles dans les plus dures épreuves. Pendant la Révolution, sur la route de Varennes, aux Tuileries, au Temple, le Suédois n'aura de cesse de tenter de sauver sa reine, à qui il avait su si bien parler le soir d'un heureux bal masqué.

Michèle Morgan et Richard Todd dans *Marie-Antoinette reine de France*, film de Jean Delannoy, 1956.
Si ses contemporains se sont emparés de cette relation romantique pour faire de la reine une épouse infidèle, les réalisateurs contemporains sont enchantés par l'histoire de cette amoureuse. Dans le rôle de la reine, Michèle Morgan joue une femme déchirée entre son amour pour Fersen et sa fidélité au roi.

La coterie de la reine

La vie d'une reine à Versailles se doit d'être publique, et ce sont la coutume et l'étiquette qui décident de son entourage. Mais voilà…, la reine est timide, se fiche de l'étiquette et aime choisir ses amis elle-même…

Dernière fille d'une grande fratrie, Marie-Antoinette a été tardivement habituée aux entourages protocolaires et aux fonctions de représentation qui incombent à son rang. Ses premières années se déroulent même dans un relatif laisser-aller à cet égard, que sa mère s'attachera à rattraper, en vain. La Dauphine de France n'aime décidément pas qu'on lui impose des fréquentations qui l'ennuient, elle dédaigne les mines tristes, elle exècre les donneurs de leçons. Et qui est issu d'une des plus illustres familles d'anciens compagnons d'épée d'Hugues Capet n'emporte pas pour autant l'amitié de la reine de France. À Versailles, tout est mis en œuvre pour contrôler l'entourage de Marie-Antoinette. Mais quand Madame de Noailles lui est attachée comme dame d'honneur dès son arrivée en France, la Dauphine va remplacer l'illustre nom de famille de la princesse de Poix par le sobriquet « Madame Étiquette », témoignant à la fois du peu d'égard qu'elle a pour ses quartiers de noblesse et de l'agacement que lui inspire sa tatillonne suivante. Elle n'a pas tort en outre de se sentir contrôlée. Sa mère la surveille par l'intermédiaire de l'abbé de Vermond et de l'ambassadeur Mercy d'Argenteau, qui forment un duo d'espions d'une efficacité redoutable. Mais la liberté est un bien précieux pour la reine, et ce qu'on ne lui donne pas, elle le prend.

Une petite société va ainsi se former autour d'elle, sorte de coterie hybride qui emprunte à la fois aux amitiés de pensionnat et aux salons parisiens. Rencontrée lors d'un ennuyeux carnaval de 1771, la princesse de Lamballe, jeune et belle veuve issue de la maison de Savoie, et dont l'époux syphilitique a prématurément cessé de vivre, devient l'amie tendre de la Dauphine, remplaçant dans son cœur sa sœur Marie-Caroline. Marie-Antoinette aime chez sa nouvelle confidente la finesse de son visage, sa timidité et par-dessus tout sa jeunesse. Elle va tout faire pour lui octroyer la charge (fort rémunératrice) de surintendante de la maison de la reine. C'est autour de 1775 que son entourage se remplit des visages masculins qui rendront cette société suspecte. Outre le comte d'Artois, frère du roi, qui fait figure de chaperon, on trouve le comte de Coigny, qui apparaît comme favori de la jeune femme, ou encore Besenval, un protégé de Choiseul, et Lauzun, tous deux grands séducteurs. Citons encore Esterhazy ou le prince de Ligne et quelques autres qui constituent le petit noyau des proches de la reine. Ils ont en commun la gaieté, l'esprit, l'irrévérence, le goût du jeu et du plaisir, et le rejet des choses sérieuses, exigé par Marie-Antoinette.

Dans cette société sans façons qui peuple aussi bien Versailles que Trianon et qui accompagne la reine dans ses escapades parisiennes, il n'y a plus d'étiquette, presque pas de rang. Presque, évidemment, car c'est la reine qui décide quand elle joue ou non, et chacun connaît les limites. Et s'il les oublie, on les lui rappelle. Lorsqu'ils lui feront des avances trop appuyées, Lauzun et Besenval en subiront ainsi les conséquences et ne seront plus reçus par une reine qui n'a pas toujours envie de rire.

Adrien Moreau, *Sérénade au Petit Trianon*, 1901, Bibliothèque des Arts décoratifs, Paris.
Ce dessin d'une scène dont on croirait presque entendre la musique délicieuse sortir des cordes de la guitare, adressée à ces deux femmes sur la « tour de Marlborough » représente bien l'atmosphère jeune et galante de l'entourage de la reine. Mais cette visible insouciance contraste avec l'image de cette fameuse coterie que se font, à Versailles et à Paris, les ennemis de Marie-Antoinette.

Une épouse et une mère

On croit à tort que Marie-Antoinette était avant tout passionnée par ses coiffures, mais éduquée comme une femme du XVIIIe siècle, elle sait où est sa place dans l'appareil du pouvoir…

Sept années, voici le chiffre maudit, qui fit la honte du jeune époux, la nervosité de son épouse, l'angoisse des chancelleries et le bonheur des médisants. C'est le temps qui sépare le mariage de Marie-Antoinette avec Louis XVI, le 16 mai 1770, de la consommation de l'union, attestée par une lettre de la reine à sa mère, datée du 30 août 1777. Cette période charnière revêt une importance capitale pour la dynastie. Tant que le mariage n'est pas consommé, et qu'un enfant n'est pas en route, c'est rien moins que le régime qui se trouve dans une situation d'instabilité. Marie-Thérèse envoie d'Autriche force lettres enjoignant à sa fille d'être plus caressante. Des médecins français et autrichiens observent le Dauphin, bientôt roi, à la recherche d'une malformation génitale, guettant tous les signes de mollesse physiologique… Ses valets de chambre sont même priés de scruter les signes de virilité dans ses draps salis par des saillies nocturnes. Les rumeurs vont bien sûr bon train. La plus persistante, relayée par les historiens jusqu'à très récemment, et qui semble être le fruit d'une guerre de communication avant l'heure, voudrait que le roi souffre d'un « problème de frein », empêchant ses érections ou les accompagnant d'une intense douleur. Il semblerait qu'il s'agisse plutôt d'une conjonction d'éléments physiologiques – on a longtemps pensé que le roi souffrait d'un frein trop court – et d'autres psychologiques. Le fait est qu'en mariant de jeunes adolescents à peine pubères, élevés tous deux dans un ordre religieux dévot et à qui l'on a présenté le sexe comme une déchéance, ou simplement comme un mauvais moment à passer, on pouvait difficilement attendre qu'ils se sautassent au cou le soir de leur nuit de noces.

Sans faire trop de cas des analyses psychologiques qui font de cet obstacle initial la cause du caractère réservé du roi, et de la nervosité excessive de la reine, il faut tout de même souligner que le soulagement est grand pour l'un comme pour l'autre lorsque Marie-Thérèse voit le jour le 19 décembre 1778. La petite Madame Royale n'est pas le garçon tant désiré, mais Marie-Antoinette se transforme en mère à sa vue, ce qui est un grand changement dans la vie de cette jeune reine de vingt-trois ans qui avait jusque-là montré à la fois de la peur et du rejet pour ce rôle qu'il lui est pourtant assigné. Il faut souligner que la tâche de la reine n'est rien d'autre que de donner des enfants au trône, et cela avec ou sans son consentement. Le fait que Louis XVI n'aurait pas voulu forcer son épouse est peut-être à mettre à son crédit, surtout à la lecture des injonctions de son beau-frère Joseph II, le propre frère de Marie-Antoinette, qui use, pour l'encourager dans cette affaire, de comparaisons animales plus que douteuses.

La naissance du Dauphin, Louis Joseph, le 22 octobre 1781 donne au couple sa légitimité, et met accessoirement fin aux espoirs des frères du roi, Provence et Artois, qui trouvaient fort avantageux pour eux que le monarque reste sans héritier mâle. Suivront Louis Charles, qui naît le 27 mars 1785, et enfin la petite Madame Sophie, née en 1786 et qui ne survivra pas à sa première année. Son statut de mère confère à la reine une forme de sérénité nouvelle qui contraste avec les tourbillonnantes frasques de ses débuts. Ses relations avec Louis XVI, qui étaient d'abord rendues difficiles par cette affaire de consommation, se détendent pour se diriger vers une forme de respect conjugal mutuel. Il faut noter que le roi n'a pas eu de favorite, ni même de maîtresse connue. Son admiration pour son épouse lui fait d'ailleurs la combler de cadeaux, de toilettes, de bijoux et de charges pour ses amis. De son côté, Marie-Antoinette, on le sait, aura le cœur pris par son amour suédois, mais cela ne l'empêchera pas de manifester une sincère affection à son mari, malgré leurs différences, qui sont immenses, et même leurs désaccords sur les décisions à prendre lorsque la survie de leur famille et de la monarchie sera en jeu.

Hubert Robert, *L'Entrée du Tapis vert à Versailles* (détail), 1777, châteaux de Versailles et de Trianon.
Sur ce tableau, on voit la reine s'occuper de ses enfants, avec une tendresse et une affection très modernes. On croirait presque que la petite Madame Royale va bientôt monter dans ses bras ! Ces images montrent comment les liens familiaux au sein de la famille royale se font plus affectueux, plus sincères et plus spontanés en cette seconde partie du XVIIIe siècle.

1793

L'abandon des Habsbourg

Les arbres généalogiques des grandes maisons font d'immenses feuillages, mais les branches qui relient ces familles très spéciales ne sont pas de celles qui résistent le mieux aux vents forts…

Le 29 novembre 1780, Marie-Thérèse d'Autriche s'éteint en présence de Joseph II, son fils, empereur et corégent depuis 1765. Il ne s'en est fallu que de deux mois, mais l'impératrice, rassurée par la naissance du Dauphin, est partie en paix après avoir bataillé plusieurs années pour l'établissement sûr de sa fille à Versailles. Malgré les relations parfois tendues qu'elle entretenait avec sa mère, Marie-Antoinette pleure néanmoins sincèrement la mort de celle à qui elle va peu à peu vouer une véritable admiration. Si leurs rapports ont été souvent conflictuels, marqués par la désapprobation des légèretés de la jeune reine par une impératrice profondément attachée à un mode de vie sobre, il n'en demeure pas moins que cette présence continue faisait office de point de repère dans la vie agitée de Marie-Antoinette. Émancipée de cette figure tutélaire, la reine doit apprendre à se construire seule. Sa Vienne natale s'éloigne, ses frères et sœurs sont dispersés à travers les cours européennes, occupés à faire briller chacun leurs propres sceptres.

Joseph II, qui succède à Marie-Thérèse, a commencé à jouer un rôle auprès de Marie-Antoinette pendant la fameuse période des sept ans que nous évoquions au sujet de la vie conjugale. C'est lui qui serait intervenu auprès de Louis XVI lors d'un voyage effectué en 1777 et qui aurait exigé de sa sœur plus de docilité au lit. Cette opération de communication autour des problèmes conjugaux a été menée par ce frère de trente-six ans, de quatorze ans l'aîné de Marie-Antoinette, qui n'est pas particulièrement prévenant pour sa toute petite sœur. Si l'on ignore quelle fut l'efficacité du conseiller conjugal improvisé, son intervention révèle surtout une relative froideur des rapports envers la reine, uniquement considérée comme outil politique. Son autre frère, Léopold, est, depuis 1765, grand-duc de Toscane et s'occupe d'abord de ses États depuis Florence, avant de succéder à son frère, mort sans enfants en 1790, à la tête de l'Empire.

Et c'est à cette période précisément que nous voulions en arriver avec cette présentation succincte de ces destins de Habsbourg-Lorraine. La Révolution française a alors bien engagé son œuvre de redistribution des équilibres européens. Joseph puis Léopold ont beau être les frères de Marie-Antoinette, ils sont surtout maîtres de leurs propres intérêts, qui doivent être défendus. Il est loin le temps de l'enfance à Schönbrunn, et on ignore si c'est parce que ses frères ne reconnaissent pas la voix de leur sœur, mais ses derniers appels à l'aide resteront lettre morte, relayés en désespoir de cause dès 1793, après la mort de Louis XVI, par le fidèle ambassadeur Mercy et le toujours présent Fersen. Léopold est mort, son fils François n'a que faire de cette tante perdue, et un prétendu malentendu met fin aux espoirs d'une aide autrichienne. En effet, la Convention croyant profiter de l'indignation que provoque dans l'Europe monarchique la menace de l'exécution de Marie-Antoinette, attend un geste de l'Autriche pour épargner la reine. C'est ce qui explique le peu d'empressement pour ouvrir son procès, alors que ceux qu'on appelle « les Enragés » à la Convention réclament une sentence immédiate. Cette femme est considérée comme une otage qui peut représenter un atout pour la République, qui a d'ailleurs d'autres soucis, et qui serait bien aise de négocier avec les coalisés. Mais l'empereur prétend ne pas saisir qu'on lui propose ainsi de la sauver. Sa guerre menée contre les troupes révolutionnaires a pour objectif de conquérir des terres. L'indignation des Habsbourg n'est qu'un discours de façade, l'Autriche fait de la politique, et ceux qui promettent haut et fort de venger la reine après sa mort, ne font aucune démarche pour la garder en vie… Celle qui est née sous les ors de la maison de Habsbourg-Lorraine n'est en 1793 rien de plus que la « veuve Capet », c'est-à-dire bien peu de chose.

Gravure révolutionnaire, *La Reine de France conduite à la guillotine*, 1793, Bibliothèque de l'Arsenal, Paris.
Sur cette gravure, on observe à la fois la tenue parfaite de la reine, et le prêtre qu'on lui a imposé, un « curé jureur » nommé Girard, et qu'elle avait refusé, préférant garder sa foi traditionnelle et romaine. Une erreur toutefois s'est glissée dans l'image, car par respect pour la reine, le prêtre ne s'assoit pas à côté d'elle, mais sur un autre banc, derrière.

Le sort du fils

Une reine tient son pouvoir de son sang, de son mariage et des descendants qu'elle offre au roi : en 1793, son mari est mort, ses parents l'ont abandonnée ; il ne reste plus qu'à lui retirer son fils…

Le petit Louis Charles vient au monde le 27 mars 1785, à la suite de son frère, qui l'a précédé de quatre ans. C'est à la mort de son aîné en 1789 qu'il devient le successeur légitime de Louis XVI. Il n'a que quatre ans, et il doit déjà quitter Versailles pour rejoindre les Tuileries, sous les huées de la population qui se soulève contre la monarchie. Il grandit en vivant la fuite à Varennes, le retour à Paris, les destitutions successives qui iront jusqu'à l'incarcération au Temple. Cet enfant vif et joyeux s'accommode paradoxalement de la vie au Temple, qui, pour manquer de prestige, n'en demeure pas moins le lieu d'une relative stabilité. Louis XVI aime à jouer avec son fils et s'occupe du petit prince avec beaucoup d'attention et d'affection. Ils rient ensemble sous le regard parfois agacé mais tendre de Marie-Antoinette.

Le Dauphin n'a pas encore le sens de l'histoire, et on comprend sans peine qu'il saisisse mal le mauvais augure que représente son installation avec Louis XVI dans la grande tour. Séparé de sa mère, qui prend cette décision de la Convention pour une brimade, de sa tante Élisabeth et de Madame Royale, le Dauphin accueille plutôt cette nouvelle vie comme rite initiatique – le « passage aux hommes » est dans l'éducation des princes un moment crucial lors duquel ils quittent leurs gouvernantes pour commencer leur éducation de jeunes hommes. Il semble que ces liens noués lors de cette période de vie commune entre Louis XVI et son fils expliquent le profond chagrin qui saisit le roi lorsque, pour son procès, on le prive de son fils. De retour auprès de sa mère jusqu'à la décapitation de Louis XVI, le 21 janvier 1793, le petit Dauphin voit s'ouvrir une nouvelle période traumatisante. Il comprend que son père est mort, et ni sa mère ni sa tante ne sont en mesure de lui apporter le soutien dont un petit garçon a besoin en de telles circonstances. Submergées par la douleur et la crainte, elle se referment et le laissent à l'écart pour éviter qu'il ait connaissance des différents projets de fuite qu'elles échafaudent. De cette période, il ne retiendra que quelques brimades et une blessure d'orgueil liée à ses activités nocturnes solitaires, découvertes par sa mère et sévèrement réprimées.

Le 13 juillet, la Convention décide de séparer l'enfant de sa mère, et elle entreprend de donner une « éducation républicaine » à celui que la mort de Louis XVI a fait roi de France sous le nom de Louis XVII. Comble de l'horreur pour la famille royale, le jeune garçon est confié au cordonnier Simon et à sa femme, auprès de qui il va se trouver plutôt heureux, presque choyé par un couple de gens simples, illettrés et joyeux. On lui apprend les chants révolutionnaires, il parle bientôt l'argot parisien et oublie vite la dignité royale qui devrait être la sienne. Sous les yeux terrifiés de sa mère qui a, depuis un coin de la tour du Temple, une vue sur la cour où joue son fils, l'enfant prend ses distances, jusqu'à commettre bientôt l'impensable : surpris une nouvelle fois la nuit en train d'enquêter sur les possibilités de plaisirs que lui réserve son corps, il va prétendre que sa mère et Madame Élisabeth sont à l'origine de cette activité coupable. Pire, il les accuse d'attouchements et de « copulation ». Hébert, qui publie le virulent *Père Duchesne*, va se saisir de cette calomnie, qui suivra la reine jusqu'à son procès. Là, devant ses juges, alors qu'elle n'avait encore jamais été mise au courant de cet affreux grief, on lui demande de s'en justifier. Alors que le tribunal lui-même doute sérieusement de cette calomnie, et que les femmes présentes s'en émeuvent, Marie-Antoinette ne dira rien d'autre que : « La nature se refuse à répondre à une pareille inculpation faite à une mère. » C'est en 1795 et toujours captif, que décède le petit Louis XVII. Sa mort donnera lieu à d'innombrables légendes, avec notamment plusieurs affabulateurs qui affirmeront être Louis Capet.

Louis Pierre Deseine, *Buste du Dauphin, futur Louis XVII*, vers 1790, châteaux de Versailles et de Trianon.
Avec ce buste émouvant représentant un jeune garçon dont on perçoit la naïveté du regard, on prend la mesure du décalage entre l'importance historique du terrible sort qui lui est réservé et la réalité : il s'agit tout simplement d'un trop jeune garçon, qui ne peut comprendre les enjeux du moment.

Château de Schönbrunn

Situé au sud-ouest de Vienne, le premier château de Schönbrunn – dont le nom signifie « belle fontaine » – a été baptisé par l'empereur Matthias Ier de Habsbourg ; il a été détruit en 1683 par les Ottomans. Léopold Ier confie alors à l'architecte Fischer von Erlach la tâche de bâtir un palais sur le modèle de Versailles. Érigé à partir de 1696, il sera rapidement remanié, entre autres par Nikolaus von Pacassi qui, selon les désirs de l'impératrice Marie-Thérèse, donne au palais son allure rococo. Aujourd'hui classé au Patrimoine mondial de l'Unesco, ce chef-d'œuvre qui servit de palais d'été à la famille de Habsbourg est un lieu emblématique de l'histoire autrichienne : il accueille Napoléon lors de la signature du traité de Schönbrunn en 1805 et porte la marque l'empereur François-Joseph et de son épouse, la célèbre Sissi.

Une reine

À observer la vie de Marie-Antoinette, on peut être désappointé par le rapport qu'elle entretient avec sa fonction royale. Celle qui se cachait à Trianon pour échapper aux règles de la cour ne supporte pas que l'on refuse son influence politique et sera la plus fervente royaliste quand viendra l'heure de la Révolution.

Une affaire de diplomatie

Un mariage de l'envergure de celui d'une archiduchesse d'Autriche à un Dauphin de France est avant toute chose une affaire de diplomatie.

La rivalité entre les Habsbourg et les Bourbons est, dans l'Europe du XVIIIe siècle, une constante aussi sûre que le retour de l'hiver après l'automne. Leur confrontation la plus récente est la guerre de Succession d'Espagne, qui dura de 1701 à 1714 et qui s'acheva par l'accession au trône madrilène du petit-fils de Louis XIV, éteignant la branche des Habsbourg d'Espagne. Le père de Marie-Thérèse, l'empereur Charles VI, gardera comme une profonde blessure cet échec ibérique, et, malgré le gain territorial que constituent les anciens Pays-Bas espagnols, qui reviennent à l'archimaison viennoise, lorsqu'elle succède à son père, Marie-Thérèse est rien moins que francophile. C'est donc un spectaculaire renversement d'alliance que celui opéré par l'impératrice, qui se rapproche de Louis XV à partir de 1755. Il s'explique pourtant par une conception pragmatique de la politique. Le nouvel ennemi de l'Autriche, c'est le tout jeune royaume de Prusse, dirigé par Frédéric II, despote éclairé, athée et honni de l'impératrice tant pour ses conceptions politiques qu'à cause de l'annexion récente de la riche Silésie. De son côté, Louis XV a besoin du soutien de l'Autriche contre l'Angleterre. Et cette alliance des deux grandes maisons catholiques d'Europe va d'abord se concrétiser par une série de mariages.

Agissant pour le compte de ses nombreux enfants comme une parfaite conseillère matrimoniale et en fine politique, Marie-Thérèse va étendre son réseau familial à tout ce que le continent compte de princes catholiques. En l'occurrence, la plupart sont Bourbons. Joseph, l'aîné, épouse Isabelle de Parme, qui n'est autre que la petite-fille de Philipe V d'Espagne et de Louis XV. Le second, Léopold, s'allie à Marie-Louise de Bourbon, avec qui il règne sur la Toscane. Marie-Amélie est promise au duc de Parme, Ferdinand de Bourbon ; et enfin, Marie-Caroline est destinée au roi de Naples, un autre Ferdinand. Après avoir installé sa famille dans toute l'Italie, il reste enfin le cœur de la maison Bourbon, qui est le plus difficile à atteindre : Versailles.

Au palais du roi de France, les choses ne sont pas acquises. Depuis 1756, Certains partis s'opposent tant à l'idée de cette alliance qu'aux projets de mariage qui l'accompagnent. Madame de Pompadour et Choiseul, le ministre des Affaires étrangères, plaident pour cette alliance à laquelle le roi croit fort. Mais les ennemis de la favorite trouvent là un terrain d'opposition facile, d'autant que la guerre de Sept Ans, menée conjointement avec l'Autriche, a mené à l'échec de la France contre l'Angleterre et à la perte d'une grande partie de ses colonies en Amérique. À quoi bon continuer une alliance si peu favorable au royaume ? Le Dauphin et son épouse, Marie-Josèphe de Saxe, préconisent un rapprochement matrimonial avec la Savoie et s'opposent au mariage de leur fils, Louis Auguste, avec la petite dernière de l'impératrice, Marie-Antoinette. Les deux parents meurent respectivement en 1765 et en 1767, et en mars de la même année, Versailles est finalement acquis à la cause viennoise. Ce n'est néanmoins pas sans difficultés que le chemin entre l'accord de principe et les noces festives a été parcouru. D'abord, Louis XV ne tient pas à inviter la future Dauphine à la cour de Versailles trop tôt. Il veut garder la possibilité de revenir sur sa décision. Pendant deux années, l'impératrice va s'efforcer d'obtenir de ses ambassadeurs, et de Choiseul, l'engagement ferme du roi de France qui louvoie. Les conversations s'enchaînent, les euphémismes et les conditionnels remplacent les promesses et les actes. Ce n'est qu'en juin 1769 qu'un engagement écrit parvient à Marie-Thérèse, rassurée et renforcée, alors que c'est justement du côté autrichien que l'alliance commençait à montrer des signes de faiblesse. Alors que son frère Joseph regarde déjà avec intérêt du côté de la Prusse, le futur mariage de la jeune sœur achève l'œuvre diplomatique de l'impératrice, et le rapprochement avec la France.

Giovanni Paolo Pannini, *Portrait du duc de Choiseul*, 1757, galerie Johnny Van Haeften, Londres.
Grand ministre de Louis XV, promoteur de la réforme de l'État, Étienne François de Choiseul (1719-1785) fait, avec l'Autrichien Kaunitz, partie de ces hommes d'État européens ayant œuvré pour l'alliance entre la grande noblesse et la bourgeoisie financière. Artisan de l'alliance franco-autrichienne, il sera disgracié en 1770, malgré la faveur de Marie-Antoinette.

16 mai 1770

Le mariage

Si Marie-Antoinette ne doit pas s'attendre à trouver dans son futur époux un prince charmant, elle, cependant, séduit tous les regards qui se posent sur son visage…

Loin de se précipiter dans les préparatifs du mariage, Vienne et Versailles vont attendre trois années avant de profiter des festivités organisées pour ces noces historiques. Entre la lettre de l'ambassadeur d'Autriche qui informe, en 1766, l'impératrice qu'elle peut « regarder le projet comme décidé et assuré » et la missive de Louis XV demandant, en 1769, pour son petit-fils la main de l'archiduchesse, une éternité de tergiversations diplomatico-protocolaires va avoir raison des nerfs des chancelleries. On définit le nombre de lieues que devront faire l'une et l'autre cour à l'approche de la frontière française, on décide quels tissus habilleront la mariée à son arrivée à Versailles. Rien n'est laissé au hasard : même les mots qu'échangeront les époux lors de leur première rencontre sont écrits à l'avance. Rien n'est moins important finalement dans l'organisation de ce mariage que ses protagonistes : ce sont deux pays, deux coutumes, deux histoires qui se rencontrent. Louis Auguste et Marie-Antoinette ne sont que la personnification à peine pubère de plusieurs siècles d'histoire.

Le point le plus sensible, c'est l'égalité de traitement des deux pays. Il n'est pas question que l'une de ces illustres maisons ne retire plus de prestige de ce mariage que l'autre. Pour simplifier, il y aura donc deux cérémonies ! Car les Viennois aussi tiennent à fêter les noces, que l'on célèbre par procuration le 19 avril 1770 dans l'église des Augustins, avec l'archiduc Ferdinand, frère de la mariée, comme doublure. En outre, cette célébration permet de s'assurer que la France n'opérera pas de revirement de dernière minute à l'arrivée de l'archiduchesse – et Marie-Thérèse n'est jamais trop prudente quand il s'agit de traiter avec ces fieffés Français. Puis, dûment mariée, Marie-Antoinette prend la route de la France avec une première étape sur l'île des Épis, au milieu de la frontière naturelle qu'est le Rhin. Un bâtiment aménagé pour l'occasion abrite la traditionnelle cérémonie de la « remise », pendant laquelle elle se dévêt, au sens propre comme au figuré, de sa tenue d'Autrichienne pour revêtir son nouvel habit de Française. Dans une espèce de danse cadencée exécutée à la perfection, son ancienne suite la quitte à mesure qu'elle rejoint sa nouvelle maison.

À Compiègne, quelques jours plus tard, la Dauphine rencontre les deux Louis, père et petit-fils, après avoir parcouru la route depuis Strasbourg sous les vivats d'un peuple venu nombreux, curieux et enthousiaste. Louis XV est satisfait par sa bru, mais le Dauphin et son épouse sont encore timides. Choiseul, l'ardent promoteur de ce mariage, accourt pour se présenter à la jeune fille, sur laquelle il compte bien pour assurer la suite de sa carrière. Le mariage, célébré le 16 mai dans la chapelle de Louis XIV, est une formalité, accomplie par l'archevêque de Reims en présence des plus hautes personnalités de la cour, mais la fête qui l'accompagne est grandiose. Des milliers de sujets, invités à se présenter dans leurs plus beaux habits, se massent dans les jardins pour assister à un feu d'artifice, qu'annule bientôt un colérique orage…

Leonard de Selva, *Feux d'artifice sur la place Louis-XV le 30 mai 1770 à l'occasion du mariage de Louis Auguste, Dauphin de France, avec l'archiduchesse Marie-Antoinette, sœur de l'Empereur*, vers 1770.
Si ce feu d'artifice a eu lieu, ce n'est pas le cas de celui qui était prévu à Versailles sur le Grand Canal et que des milliers de Parisiens venus exprès attendaient le 16 mai. Un formidable orage éclata, rendant impossible ce feu d'artifice qui devait être le plus grandiose qu'on vît jamais lors d'une fête royale. Pire, à l'issue des festivités parisiennes, cent trente deux personnes trouvent la mort dans une bousculade rue Royale.

La Du Barry : une rivale

La comtesse Du Barry, dernière favorite royale de l'Ancien Régime, rencontre en la jeune Dauphine une adversaire aussi inattendue que féroce…

Lors de l'arrivée de Marie-Antoinette à la cour en 1770, le roi est épris d'une très belle et très gentille créature, la plus intelligente et la mieux disposée des prostituées de Paris, Jeanne Bécu. Introduite en 1768 à la cour par le duc d'Aiguillon, elle est présentée à un Louis XV âgé, endeuillé par les disparitions de la Pompadour, de son fils Louis-Ferdinand et de son épouse Marie Leszczyńska. Mariée un an plus tôt au frère de son proxénète, afin de pouvoir être officialisée en tant que favorite royale, celle que l'on connaît sous le nom de comtesse Du Barry est au sommet de sa gloire. D'une grande beauté, à l'esprit acéré, et fort bien élevée malgré son obscure extraction, experte enfin en matière de caresses inconnues, cette femme qui semblait n'avoir aucune ambition politique en arrivant à Versailles est progressivement devenue une incontournable faiseuse de ministres. Elle est la figure centrale d'un parti composé des dévots du palais, qui ne s'émeuvent apparemment pas de la vertu de leur championne et qui comptent parmi leurs membres le duc d'Aiguillon. Ce pair de France est l'ennemi juré du secrétaire d'État Choiseul, qui s'oppose de toutes ses forces à l'ascension de la comtesse, officiellement pour des raisons de moralité publique (ce dont on s'étonne, étant donné celle de ce ministre très peu chrétien), mais surtout de peur que les amis du maréchal ne lui disputent la place que son clan occupe depuis dix ans auprès du roi. Il aurait d'ailleurs préféré – et a manœuvré sans succès en ce sens – que ce titre de favorite revienne à sa sœur, la duchesse de Gramont. Pour s'assurer un rapport de force favorable, il va s'allier avec Mesdames Tantes, les filles du roi, farouchement opposées à la favorite et qui ont l'oreille de la Dauphine. Marie-Antoinette est par ailleurs l'alliée naturelle du parti de Choiseul, qui a œuvré pour son mariage et pour l'alliance avec l'Autriche. Petit rappel protocolaire, la reine et la mère du Dauphin étant toutes deux mortes, l'adolescente autrichienne est la première dame de la cour.

Après la disgrâce de Choiseul à la fin 1770, les esprits s'échauffent contre la Du Barry. La Dauphine, poussée en ce sens par Mesdames Tantes et par les choiseulistes, trouve que l'on fait trop de cas de cette femme de mauvaise vie. Consciente que l'étiquette, autant que son nom, la place bien au-delà du rang de la favorite, qu'elle méprise, elle se souvient des propos de sa mère, qui n'avait pas de mots assez durs pour qualifier les mœurs de Louis XV. Bien qu'on lui eût conseillé de se montrer courtoise, c'est là que son caractère va s'exprimer dans un premier coup d'éclat. Elle estime n'avoir aucune raison de condescendre à accorder à la favorite le moindre égard. Selon le protocole, il faut que Marie-Antoinette s'adresse d'abord à la Du Barry pour que la comtesse puisse lui parler, et c'est donc par un silence que le scandale arrive. À plusieurs reprises, devant toute la cour effarée, la Dauphine ignore la favorite, qui s'en plaint. On convoque la jeune fille, sa mère en colère lui écrit, on lui enjoint de dire quelques mots à la maîtresse du roi, furieuse et blessée, rien n'y fait. L'ambassadeur Mercy est impliqué : on le convoque dans les appartements de la Du Barry, où le roi en personne lui fait quelques remontrances à transmettre à la Dauphine et indique fermement les changement qu'il exige d'elle. Un jour que tout semble arrangé et alors que l'on a fait savoir que la Dauphine dirait enfin une parole, Madame Adélaïde, fille aînée du roi, intervient et empêche l'échange d'avoir lieu, le transformant même en insulte publique ! La chose est grave, c'est l'alliance même qui est en jeu dans ce silence persistant. Il faut que la Dauphine parle ou tout est perdu ! Après moult tractations, Marie-Antoinette cède et adresse, le 1er janvier 1772, quelques mots mémorables à la favorite… sur le « mauvais temps qu'il fait » à Versailles ! Si l'orage est passé, la Dauphine s'est fait entendre…

Élisabeth Louise Vigée-Lebrun, *Portrait de Madame Du Barry*, 1781, musée d'Art de Philadelphie.
Si la rivalité entre la Dauphine et la favorite est un fait avéré, leur réconciliation est accomplie par le biais du sublime pinceau d'Élisabeth Vigée-Lebrun. On retrouvera en effet cette même tenue de la Du Barry dite « en gaulle » sur la représentation de la reine qui fit scandale au salon de 1783.

Reine de France et de Navarre

Avant d'être rejetée par un pays qui se soulève contre la monarchie, Marie-Antoinette devient reine d'une des plus grandes puissances de l'Europe du XVIIIe siècle.

La Du Barry ne régnera plus longtemps sur Versailles : son roi est vieux, et bientôt ce sera à la nouvelle génération de prendre en main le destin du royaume. Le 10 mai 1774, après une longue agonie dont la toute-puissante favorite est l'impuissant témoin, Louis XV s'éteint. La Du Barry s'éclipse discrètement pour se réfugier dans son château de Louveciennes, et Marie-Antoinette devient reine de France en même temps que son époux, Louis XVI, accède au trône : « Le roi est mort, vive le roi ! » Voici donc que cette jeune femme de dix-huit ans est faite souveraine d'un peuple qu'elle ne connaît que pour l'avoir à peine salué depuis le somptueux carrosse qui reliait Strasbourg à Versailles en 1770. Cette reine de France ignore donc tout de son pays, et encore plus de la Navarre, qui n'est qu'un titre pour elle. Si dans ses correspondances avec Marie-Thérèse, la jeune femme se réjouit : « Je ne puis m'empêcher d'admirer l'arrangement de la Providence qui m'a choisie [...] pour le plus beau royaume d'Europe », en quatre ans, outre Versailles, elle n'a connu de ses États que les alentours de Compiègne, de Fontainebleau ou de Marly. Les seules routes qu'elle emprunte sont celles qui relient les résidences royales où la cour se déplace au gré des saisons et des projets de chasse, dont le jeune roi raffole. Les quelques rencontres avec son peuple l'ont par ailleurs convaincue qu'il l'aime tendrement, et elle se réjouit dans ses courriers de la liesse dont elle fait l'objet lors de ses rares déplacements. Comment pourrait-elle imaginer que ce royaume va bientôt provoquer sa perte ? Il faudrait pour cela qu'elle se penche plus avant sur son véritable état, or l'étude attentive des modes de vie des peuples qu'ils dirigent est rarement l'occupation préférée des rois et des reines.

Le 11 juin 1775, Marie-Antoinette assiste à Reims au sacre de Louis XVI. Comme toujours lorsqu'elle se déplace, tout semble indiquer une cote de popularité au beau fixe. Les festivités du couronnement sont un triomphe, le couple royal apparaît rayonnant, et une nouvelle fois, les cris de la foule massée sur le parvis de la cathédrale semblent lui promettre un règne joyeux. À cet égard, les premiers temps sont exaltants, entre autres en raison de la profonde lassitude que faisait peser sur le pays un Louis XV à bout de forces. Son successeur est surnommé Désiré, et on le compare au bon Henri IV. Son épouse radieuse enchante. Deux premières mesures fiscales rendent le couple populaire : le roi supprime le traditionnel « don gratuit de joyeux avènement », un vieil impôt impopulaire. Marie-Antoinette, de son côté, se passera de la taxe dite de « ceinture de la reine ». Elle ravit tout le monde en disant : « Qu'en ai-je besoin ? On ne porte plus de ceinture ! »

Mais d'une reine, on exige des enfants, pas des bons mots. Et celle-ci ne donne pas de Dauphin à la France. La tâche n'est pas si simple alors d'affirmer sa légitimité. Mercy aura beau proposer qu'elle se fasse, en vertu d'une ancienne coutume, couronner en même temps que son mari, il n'aura pas gain de cause. Simple témoin à Reims, elle tardera en outre trop à donner des enfants au royaume. Entre le sacre et la naissance du Dauphin, la reine n'aura de cesse de régner sur un trop petit royaume intime, sur des fêtes où elle se rend masquée, oubliant, comme le roi, que le royaume a des frontières et que ce ne sont pas les grilles ouvragées d'or du parc de Versailles.

Et ce royaume méconnu doit relever des défis immenses tant sur le plan économique que politique et social. La première année du règne est ainsi marquée par la guerre des Farines, émeutes provoquées par un édit de liberté de circulation des produits de l'agriculture, et par deux années successives de mauvaises récoltes. Symptôme d'une crise profonde, et des difficultés que va rencontrer le roi, c'est aussi à cet endroit que l'on trouve la racine de la détestation à venir d'une reine que l'on dit frivole et dépensière par un peuple épuisé et trop méprisé.

Jean-Baptiste André Gautier d'Agoty, *Portrait de Marie-Antoinette, reine de France*, **1775, châteaux de Versailles et de Trianon.**
Cette représentation canonique des rois et des reines français affiche tous les codes de la monarchie : le manteau d'hermine fleurdelisé, la couronne posée sur un petit coussin. Connaissant le goût de Marie-Antoinette pour les paniers et les trop lourdes robes d'apparat, on imagine que cette séance de pose n'a pas dû être des plus reposantes.

Un rôle politique

Si elle n'est pas une Catherine de Médicis ni une Anne d'Autriche, Marie-Antoinette ne sera pas aussi effacée que sa prédécesseuse, Marie Leszczyńska.

Que l'on se rassure, Marie-Antoinette n'a pas reçu l'affreuse lettre que son frère Joseph lui a écrite, sur le coup de la colère, à la suite du sacre à Reims, quand il a appris avec quelle légèreté elle a traité son époux. Dans un courrier qu'elle avait adressé à un diplomate viennois, elle se vantait de faire ce qu'elle voulait de Louis XVI, en l'occurrence de rencontrer à sa guise le disgracié Choiseul, sans véritable accord du nouveau roi. Fou de colère de la voir prendre à son aise les choses politiques, Joseph II écrivait : « De quoi vous mêlez-vous, ma chère sœur, de déplacer des ministres, d'en faire envoyer un autre sur ses terres […] Vous êtes-vous demandé une fois par quel droit vous vous mêlez des affaires du gouvernement et de la monarchie française ? » Ne nous attardons pas sur l'aspect délicieusement cocasse d'un empereur archiduc qui tient l'intégralité de ses pouvoirs d'un héritage et s'intéresse au droit légitime qu'une reine a de se mêler de gouvernement. Cette lettre, finalement arrêtée par Marie-Thérèse et réécrite dans une version édulcorée, nous en apprend cependant beaucoup sur le double rôle politique de Marie-Antoinette.

Dans un premier temps, la reine de France est l'outil du jeu d'influence orchestré depuis Vienne par Marie-Thérèse et son conseiller Kaunitz, relayés tous deux à Versailles par l'ambassadeur Mercy, lui-même assisté dans sa tâche par l'abbé de Vermond, lecteur de la reine depuis les années viennoises. Aux premières heures du nouveau règne, ils vont penser pouvoir agir sur le roi par l'intermédiaire de son épouse. Mais ils rencontreront une première déconvenue : le retour en scène du comte de Maurepas, ancien ministre de Louis XV, appelé le 12 mai 1774, comme principal conseiller. Sans prévenir, et alors que Marie-Thérèse réfléchit aux ministres qu'elle souhaite favoriser par l'entremise de sa fille, Louis XVI se montre par cette nomination bien plus décidé et véloce qu'on ne l'attend, en nommant ce vieux ministre qui n'appartient à aucun parti et qui n'est par conséquent pas manipulable. Mercy est très contrarié. En outre, la reine a – autre surprise – ses propres projets à mettre en œuvre, ses propres amis à favoriser. Depuis la crise qui l'a opposée à la Du Barry – les amenant toutes deux à échanger de graves considérations sur la météo –, Marie-Antoinette tient à venger Choiseul en lui rendant son ministère. Elle a cependant une idée faussée de son propre ascendant sur Louis XVI, et échoue : après avoir cru emporter le retour du ministre, elle ne lui obtient que des remarques fort désobligeantes que le roi lui adresse sur son poids et sa calvitie ! Choiseul regagne sa campagne, et la reine se voit attribuer en compensation la maison de la Du Barry, le domaine de Trianon ! Les tentatives de Marie-Antoinette de s'allier Maurepas échouent elles aussi. Le roi offre à son épouse des revenus, un domaine et des bijoux, mais son oreille reste fermée à ses conseils. Dans le plan de Marie-Thérèse comme dans celui de Marie-Antoinette pour influencer les affaires publiques française, un élément paraît avoir échappé à l'une et à l'autre : cet époux grand, lourd et maladroit tenait à sa couronne, et c'était lui le roi.

Si Marie-Antoinette a en effet voulu jouer un rôle politique – que sa mère avait espéré en faveur de l'Autriche –, il est finalement sans grande efficacité. Il semblerait que ses avis aient compté pour le renvoi d'Aiguillon en 1775 (qui avait remplacé Choiseul auprès de Louis XV) et pour accélérer la chute de Turgot, le contrôleur général des Finances, en 1776. Dans les luttes d'influence, on sait que son opinion joue. Pour ne pas s'aliéner ses bonnes grâces, le directeur général des finances Necker ira jusqu'à régler sur ses propres deniers une dépense de 150 000 livres que l'« État du trésor » ne lui permettait pas d'honorer, et dont elle se souvient peut-être lorsqu'à l'aube de la Révolution, elle contribue au retour du ministre qui avait démissionné en 1781.

Élisabeth Louise Vigée-Lebrun, ***Portrait en pied de Marie-Antoinette de Lorraine-Habsbourg,*** **1788, châteaux de Versailles et de Trianon.**
On sait l'amitié qui lie Marie-Antoinette et sa peintre favorite, Élisabeth Vigée-Lebrun. La confiance qu'ont nouée les deux femmes explique peut-être que l'on trouve dans cette représentation une reine d'une très grande beauté, à la fois douce et jeune, dans une tenue plus en phase avec son époque que le lourd manteau royal imposé par d'Agoty.

Les Polignac

Cette famille a attendu les toutes dernières années de l'Ancien Régime pour accéder aux plus hautes charges, aux dépens de la reine qui l'y a hissée.

Après avoir évoqué plus tôt la coterie de la reine, ce havre de jeunesse qui se réunit à Trianon et dédaigne l'ennuyeuse compagnie des vieux courtisans, il faut raconter le revers de la médaille. Cette joyeuse société dépasse parfois les limites, dépense des fortunes et joue de son influence sur la reine. Personnifiant cet aspect plus sombre de l'entourage de Marie-Antoinette, la famille Polignac a su d'une main de maître profiter du coup de foudre amical qui saisit la reine à l'été 1775, lorsqu'à un bal de la cour elle rencontre la délicieuse Yolande de Polastron, comtesse Jules de Polignac. Adressant la parole à ce joli visage, elle lui demande la raison pour laquelle on a si peu l'occasion de le voir à Versailles. D'une désarmante honnêteté, la comtesse lui répond que se présenter à la cour engage des frais immenses et qu'elle n'a pas tant de moyens... Parole bénie que cette réponse : émue par sa sincérité, Marie-Antoinette fait admettre la comtesse à la cour et la comble, elle et ses proches, de présents, de revenus et de charges. On a beaucoup douté de la sincérité de cette amitié, en particulier en raison du talent avec lequel les proches de la comtesse ont su en profiter. Mercy écrit ainsi à Vienne : « Il est peu d'exemple d'une faveur qui, en si peu de temps, soit devenue aussi utile à une famille. » Après avoir méprisé l'immodestie de la Du Barry, Marie-Antoinette accorde pourtant à sa propre favorite et sa famille des faveurs disproportionnées comparables à celles de l'ancienne maîtresse.

Cette famille, justement, est criblée de dettes. La reine les rembourse. La fille de la comtesse est dotée à hauteur de 800 000 livres, le père se voit accorder une pension pour ses vieux jours, Diane de Polignac, la belle-sœur de fort mauvaise réputation, devient dame d'honneur, et la favorite enfin, gouvernante des enfants de France. Au total, le clan Polignac, grâce à la candide réponse de la comtesse à une reine sensible à sa timidité, se voit octroyer par l'État un demi-million de livres par an ! L'ambassadeur Mercy va se battre pendant des années contre cette amitié et ce réseau qui accapare la reine. En effet, cette famille représente un risque pour l'archimaison autrichienne, car Madame de Polignac est une parente du ministre Maurepas. Marie-Thérèse s'inquiète des confidences que pourrait glaner la favorite auprès de la reine, aux dépens des menées secrètes de la lointaine impératrice. Alors que tout semble concourir à mettre un terme à cette amitié pernicieuse pour l'État, pour la reine et pour les siens, la souveraine semble aveuglée par sa « Jules », jusqu'à éveiller les soupçons de rapports plus intimes.

Dans *L'Autrichienne en goguettes,* « opéra proverbe » de 1789 (le proverbe est un genre d'amusement littéraire, sous forme de pièces légères, en vogue au XVIIIe siècle), et supposément « composé par un garde du corps et mis en musique par la reine », on trouve quelques indices sur la réputation de lubricité de la Polignac et sur ce que l'on a pu imaginer de la nature de ses liens avec la reine. Dans ce texte d'un goût exquis, Marie-Antoinette, la Polignac et le comte d'Artois, le frère du roi, font une partie à trois sur le dos (au sens propre) du monarque. Que ce soit à la cour ou dans l'opinion publique, depuis 1776 jusqu'à la Révolution, l'amitié entre les deux femmes sera qualifiée de vicieuse et de diabolique. Les injures lesbophobes proférées à l'encontre de la reine vont l'accompagner depuis le début de sa relation avec celle que l'on appelle « la Jules », jusqu'à sa mort. S'il n'y a aucune preuve de relation amoureuse, le cœur de la reine n'en est pas moins déchiré par le départ de sa chère amie au tout début de la Révolution. Cible des révolutionnaires, membre d'une famille qui avait ruiné l'État, soupçonnée de tous les vices, la Polignac doit fuir. Les mauvaises langues diront qu'elle n'a pas eu besoin d'être beaucoup pressée...

Élisabeth Louise Vigée-Lebrun, *Portrait de la duchesse de Polignac*, collection particulière.
On voit ici à la fois le style de la peintre et la beauté du modèle. Les codes de ce tableau nous ramènent à Trianon, au Hameau de la reine, loin de la lourdeur empesée de la cour et de ses tenues contraignantes. On note à ce sujet que le portrait prend pour arrière-plan le ciel, témoin de l'importance de la nature dans l'esthétique du temps.

La cour et Versailles

La cour n'est plus aussi centralisée à Versailles qu'à l'époque du Roi-Soleil, et ce n'est pas Louis XVI qui forcera sa femme à y faire bonne figure.

On se représente la reine comme une créature mobile, insaisissable, dans une recherche de nouveautés et de plaisirs toujours renouvelée. Cette dynamique la rend impossible à immobiliser dans un palais tel que Versailles, lieu de l'établissement par excellence, de la tradition et de l'identique.

L'histoire de Marie-Antoinette à Versailles est, par conséquent, celle d'une absence ; son rapport à la cour est marqué par la fuite et la méfiance. De son arrivée au palais à son départ, le 6 octobre 1789, elle y aura régné comme un rentier sur ses immeubles : le plus souvent invisible, réclamant trop souvent son dû et agaçant beaucoup ses locataires. C'est qu'elle ne supporte pas d'avoir à s'adapter à cette superstructure extrêmement codifiée, figée dans des règles et une organisation qui n'appellent aucune sorte d'amendement.

Versailles est la matérialisation dans la pierre du pouvoir monarchique, de ses hiérarchies et de son fonctionnement. Se déplacer d'une pièce à une autre, emprunter tel ou tel couloir, s'asseoir sur une chaise ou s'attarder dans une antichambre sont toujours inscrits dans un rapport de pouvoir et dans une dynamique d'influence. La cour est saisie dans un mouvement perpétuel, dont la cause est la volonté de chacun d'accroître sa propre influence et l'effet est de collectivement tourner en rond. Certes, Marie-Antoinette aime beaucoup danser. Mais elle abhorre l'idée que ses prérogatives puissent être soumises à des causes extérieures à sa propre noblesse et à la grandeur de sa naissance. C'est la raison pour laquelle elle se révoltera presque tout de suite contre l'étiquette, et c'est aussi pourquoi Versailles se retournera contre elle. Car ce système bien huilé et qui s'entretient dans l'illusion de son efficacité depuis plus d'un siècle ne peut pas supporter à sa tête une reine qui préfère jouer la bergère dans son Hameau plutôt qu'admirer les perruques des grands du royaume qui font des génuflexions sur son passage.

Dès les premières années de son règne, Marie-Antoinette se détache à la fois du temps et de l'espace de Versailles. D'abord, elle a pris l'habitude, en tant que Dauphine, d'assister plus que de raison aux bals masqués et aux fêtes parisiennes, où elle se rend accompagnée de quelques amis. On remarque que la jeune femme, qui se couche le plus souvent après quatre heures du matin, est fort décalée par rapport au roi, qui est pourtant la mesure du temps versaillais. C'est même lui qui sera tenu de s'adapter aux horaires de son épouse pour s'atteler à la conception du Dauphin. Indépendante dans son emploi du temps, la reine s'émancipe aussi de Versailles, qu'elle quitte souvent pour Trianon. Lorsque Louis XVI lui en fait cadeau, elle l'occupe d'abord dans la journée seulement, avant de rentrer dans ses appartements. Dès 1779, contaminée par l'épidémie de rougeole qui l'amène à s'isoler quelque temps à Trianon, elle y dort de plus en plus volontiers. Au château, la cour est inutile sans la reine. Par son absence, la souveraine rend caduque toute une organisation de services et d'hommages, et s'ouvrent alors toutes les possibilités de haine entre l'aristocratie française et l'orgueilleuse Autrichienne. Trianon est surnommé le « Petit Schönbrunn », et la noblesse déserte bientôt d'elle-même les festivités mornes du palais délaissé. La reine ne réalise certainement pas qu'une fronde princière d'une grande violence est à l'origine de cette centralisation outrancière qu'elle exècre. La proximité des grands du royaume auprès du couple souverain est un gage de stabilité. Le duc de Lévis écrit pourtant que : « Versailles n'était plus qu'une petite ville de province, où l'on n'allait qu'avec répugnance et dont on s'en allait le plus vite possible. » Ce que Marie-Antoinette ne saisit pas, c'est que la désertion de l'aristocratie, qui est le bouclier des princes, lui sera fatale le jour où le peuple se soulèvera et qu'il ne trouvera personne entre lui et la reine.

Félix Lecompte, *buste de Marie-Antoinette dans la chambre de la Reine à Versailles*, 1783, châteaux de Versailles et de Trianon.
Toiles grandioses, bustes de marbre, gravures et caricatures : Marie-Antoinette est la reine de France qui a été la plus représentée de son vivant. Que cela soit pour offrir des images aux cours étrangères, pour décorer Versailles à la gloire de sa beauté que le roi admire, ou plus trivialement pour l'accuser des pires mœurs.

REPRESENTATION EXACTE
DU GRAND COLLIER EN BRILLANTS DES S^rs. BOEHMER ET BASSENGE
Gravé d'après la grandeur des Diamans.

L'affaire du collier

Cette affaire tragi-comique qui secoue la cour et Paris pendant des mois est la preuve éclatante que l'innocence de la reine n'est pas une raison pour ne pas la haïr…

Il s'agit certes d'un fort beau collier. À l'initiative de cette merveille, les ambitieux Boehmer et Bassenge, joailliers de la Couronne. Animés par le désir de réaliser un chef-d'œuvre parachevant une réputation qui n'était pourtant plus à faire, ils réalisent à leurs frais un bijou qu'ils projettent de proposer à la reine, qui est déjà leur cliente. Pour la modique somme de 1 800 000 livres, le collier serait à elle, ainsi que ses six cent quarante-sept diamants et le divin plaisir de porter un kilo de pierres et de chaîne autour de son cou gracile. Le bijou semblant peut-être un peu excessif, et son prix étant parfaitement exorbitant, ils en rabattent de 200 000 livres en 1779 pour essayer de séduire la reine, qui pourtant s'abstient. On imagine l'embarras de Boehmer, qui doit souffrir, comme tout grand artiste, de voir son chef-d'œuvre ainsi dédaigné. Sauf que s'il est impossible au poète de déchirer ses vers pour les vendre en pièces détachées, le joaillier, lui, pourrait fort bien défaire les diamants et les remonter sur de plus humbles ouvrages. Il s'y refuse. Le temps passe, et la reine oublie cette affaire de collier, jusqu'au jour du 12 juillet 1785. Elle reçoit alors un étonnant message du bijoutier, qui écrit : « Nous avons une vraie satisfaction de penser que la plus belle parure de diamants qui existe servira à la plus grande des reines. » Marie-Antoinette, ne comprenant pas de quoi il s'agit, brûle le petit placet et l'oublie, jusqu'à ce que le bijoutier revienne à la charge, le 3 août, directement auprès de Madame Campan. Cette fois-ci, l'artisan réclame la somme qu'on lui doit. La femme de chambre de la reine s'étonne et lui demande à quel titre il réclame cet argent. Boehmer lui répond froidement, avec l'orgueil d'un chien de race qui requiert une promenade à sa maîtresse occupée : « Mon collier madame. »

Les bijoutiers ont été dupés. La comtesse de La Motte-Valois, qui a profité de son illustre patronyme pour se présenter comme cousine de la reine, leur a fait croire qu'elle pourrait intervenir auprès d'elle. Elle arrange une tractation qui, évidemment, doit rester secrète, et prend pour intermédiaire le cardinal de Rohan. À cette autre dupe, elle fait croire qu'il pourrait y gagner les faveurs de la reine, qu'il cherche à obtenir en vain, puisque Marie-Antoinette tient de sa mère un véritable mépris pour l'ancien ambassadeur de France à Vienne. Après lui avoir extorqué de l'argent au nom de sa prétendue cousine, la comtesse se lance dans l'aventure du collier. À la fin de janvier 1785, le bijou est remis au cardinal, qui croit l'acheter pour la reine, en échange d'un contrat qu'il garantit lui-même et qui stipule que le règlement sera étalé sur deux ans.

C'est donc la première échéance que réclame Boehmer à Madame Campan interloquée. Quand la reine apprend l'escroquerie, et surtout l'implication de Rohan, qui s'est déjà rendu coupable de malversations par le passé, elle enrage. L'enquête est menée tambour battant, d'abord en secret, puis le roi est mis au courant. Marie-Antoinette s'estime bafouée : on a falsifié sa signature, on s'est engagé en son nom ; elle exige l'arrestation du prélat. C'est chose faite, à la stupéfaction générale, le 15 août à Versailles. Pendant ce temps, le collier a été démonté et vendu en pièces détachées : la comtesse de La Motte n'est pas poète, mais elle est riche ! Du procès qu'elle exigera, Marie-Antoinette sera pourtant la grande perdante. L'opinion soupçonne que le cardinal de Rohan ne fait que prendre la faute sur lui pour protéger la reine. Le haut clergé s'insurge du sort fait à ce prélat, et le peuple découvre avec stupéfaction des sommes mirobolantes et des comportements indécents. Quelle que soit l'issue du procès, qui, en 1786, donne raison à la reine mais acquitte le cardinal, le mal est fait, on ne retient qu'une chose : les caisses de l'État sont vides, et la reine fait des dépenses.

Nicolas-Antoine Taunay, *gouache représentant le collier de diamant de la reine*, vers 1785, collection particulière.
Si cette gouache vaut bien moins cher que l'objet qu'elle décrit, elle indique toutefois la richesse du collier en question, avec ses rangées de perles et ses diamants à profusion. Le créateur de mode John Galliano a créé pour la maison Christian Dior une robe reprenant le motif du collier tel que représenté ici : preuve que le luxe n'est pas confiné dans son époque.

La Révolution

Ce qui nous paraît inéluctable aujourd'hui frappe Versailles et la reine avec une force aussi inattendue qu'inouïe : on connaissait des révoltes, voici venu le temps de la Révolution.

Pour Marie-Antoinette, l'année 1789 est d'abord et avant tout celle de l'agonie et de la mort du Dauphin. Depuis longtemps de santé fragile, le petit garçon semble perdu, et ne peut se déplacer qu'en chaise roulante. La reine passe à Meudon, où le petit de sept ans est soigné, des heures d'angoisse à essayer de le nourrir et à lui apporter son affection. Elle ignore que l'histoire est en marche, que sa douleur de mère ne peut de toute manière arrêter. D'ailleurs cette mère-là aurait bien du mal à s'attirer la pitié d'un peuple qui la déteste. Sa réputation est, en exagérant à peine, celle d'une Messaline : vicieuse, dépensière et à la solde de l'Autriche. Le 4 mai 1789, à l'ouverture des États généraux, convoqués en raison d'une crise économique et politique à laquelle en outre le peuple l'associe, la reine le comprend fort bien : le silence qui accompagne son entrée dans la salle où ils se tiennent à Versailles est la marque d'une haine profonde. Le roi, lui, entre sous les ovations. Le lendemain, à la fin de la première séance, Louis XVI fait en sorte que l'on fasse entendre çà et là quelques « vive la reine ! », mais Marie-Antoinette, qui répond avec grâce à ces hourras téléguidés, n'est pas dupe et sait l'abîme qui la sépare du peuple hostile.

Dans la nuit du 3 au 4 juin, le petit Louis Joseph expire dans les bras de sa mère. Qu'importe, les états s'impatientent et veulent que le roi tranche l'épineuse question des règles de scrutin. « Il n'y a donc point de pères parmi eux ? » enrage le roi en deuil. Mais il faut vite remiser les habits noirs et les voilettes de dentelle : la querelle qui oppose depuis des mois le roi, ses frères Provence et Artois, et la reine, au ministre Necker va arriver à son paroxysme. Ce ministre des Finances populaire, réformateur et genevois est alors l'objet de toutes les passions. Quelques jours après le décès de l'enfant, le 17 juin précisément, les députés du tiers état se proclament Assemblée nationale. Le roi et la reine reviennent de Marly, où ils s'étaient réfugiés quelques jours pour pleurer. Necker propose un plan favorable aux députés du tiers état qui scandalise la reine et ses beaux-frères, qui prônent, eux, une réaction forte. Face à cette opposition royale, le ministre ne reparaît pas au conseil. La foule, qui remarque cette absence, s'agite et devient menaçante. Si Necker est disgracié, cela veut dire que le roi refuse d'accepter ses préconisations concernant les règles de délibération des trois ordres, cela veut dire qu'il ne reconnaîtra pas l'Assemblée nationale. Arrive alors le 23 juin. Le roi fait connaître sa position, qui comprend quelques menues concessions : donner aux États la possibilité de consentir ou non aux impôts notamment, mais se range surtout aux avis de sa femme, menaçant de dissoudre l'assemblée. La réaction ne se fait pas attendre : les députés, que l'on invite courtoisement à vider les lieux, s'agitent et manifestent leur ferme intention d'y rester. Mirabeau tonne sa célèbre phrase : « Allez dire au roi que nous sommes ici par la volonté du peuple et que nous n'en sortirons que par la force des baïonnettes ! » Face à l'évidence que la situation n'est plus tout à fait sous contrôle, et toujours en cette même, longue et dense journée, Marie-Antoinette va trouver Necker, et alors qu'elle-même souhaitait la veille qu'il démissionne, elle le presse plutôt de rester.

Le roi fait venir près de trente mille soldats de toute la France pour protéger Versailles d'un assaut de plus en plus probable. La reine continue d'œuvrer avec les frères du monarque en faveur d'une réaction plus ferme contre cette orgueilleuse assemblée. Le 11 juillet, Necker est finalement prié de retourner en Suisse. Le 13 juillet, on fait une fête pour accueillir comme il se doit les régiments étrangers venus soutenir le roi. Le 14 juillet, il ne se passe rien à Versailles. La nouvelle de la prise de la Bastille parvient le 15 et tétanise le château. Le chaos s'installe, les esprits s'agitent, on ne sait comment réagir. Bientôt, on rappellera Necker (le 16), on retirera les troupes qui menacent Paris. Les premiers aristocrates fuient, la Polignac fait ses adieux à la reine. Plus tard, mais il sera trop tard, le roi dira que c'est à ce moment-là, qu'il aurait fallu fuir.

M.H. Baron, *Léopold Massard*, gravure pour *Les Français sous la Révolution* d'Augustin Challamel et Wilhelm Ténint, 1843, collection particulière.
Cette gravure montre un révolutionnaire s'attaquant au portrait de la reine. On peut déduire de la face particulièrement irrégulière de l'homme au marteau, et presque bestiale, que le cœur du graveur était plus sensible à la beauté de la reine qu'à celle de la geste révolutionnaire.

20 juin 1791

La fuite à Varennes

C'est lors de la nuit la plus longue et la plus claire de l'année, au solstice d'été 1791, que la famille royale tente de se soustraire à la Révolution…

Depuis 1790, Marie-Antoinette élabore avec le comte de Fersen un projet d'évasion des Tuileries, et tente de convaincre le roi d'y souscrire. Le plan est parfaitement huilé : rejoindre discrètement la place forte de Montmédy, près de Metz, où le roi et sa famille seront attendus par le marquis de Bouillé et son armée. De là, le monarque sera en mesure de reprendre la main sur l'Assemblée et le royaume. La ville se trouve à 70 lieues de Paris, c'est-à-dire à douze heures de route en roulant à grand train. Arrivé à Clermont-en-Argonne, le cortège devra bifurquer sur une route secondaire pour se diriger vers Montmédy. Afin de pallier l'absence de relais de poste sur cette dernière portion, le marquis de Bouillé est chargé d'y envoyer des chevaux pour permettre au roi d'atteindre la place forte.

Le 20 juin 1791, vers vingt-deux heures, on réveille Madame Royale et le Dauphin, que Fersen vient chercher. Dans les appartements du roi, après que la cérémonie du coucher s'achève et que les derniers valets le quittent, Louis XVI se relève, passe une perruque et un accoutrement de domestique, puis sort rejoindre le noble suédois, qui l'attend au Petit Carrousel. Marie-Antoinette qui, s'étant égarée, a été forcée de demander son chemin à une sentinelle, arrive en retard au rendez-vous… La famille royale est au complet et peut quitter la ville. À dix heures du matin pourtant, le retard accumulé est de trois heures : il sera fatal. Les hussards de Choiseul, qui devaient attendre au relais de Somme-Vesle, pensant que le cortège n'arriverait plus, se replient sur Varennes. Pis : Choiseul confie à Léonard – le frère cadet du fidèle coiffeur de la reine – la tâche d'ordonner à l'ensemble des hommes postés tout au long de l'itinéraire de se retirer. Une mission dont, malheureusement, il s'acquitte trop bien.

À Paris, c'est la mobilisation générale. Après avoir constaté la fuite du roi, l'Assemblée prétend, pour sauver la face, qu'il a été enlevé. De son côté, La Fayette ordonne d'envoyer chercher le souverain à travers le royaume. La nouvelle allant bien plus vite que la lourde berline des fugitifs, elle se répand dans les provinces. La rumeur dit que l'on a vu passer les coupables à Sainte-Menehould : on charge donc son maître de poste, Drouet, de se lancer à la poursuite des fugitifs. Alors que les chevaux du futur héros de la Révolution halètent à sa poursuite, la famille royale arrive dans une Varennes déserte. Aucune escorte à l'horizon ; elle ne trouve ni hommes d'armes ni chevaux pour relayer les siens et reprendre la route.

Le cortège est immobilisé dans le village, et Monsieur Sauce, procureur-syndic de la bourgade, est prévenu de cette arrivée suspecte. Il invite les visiteurs chez lui et contrôle leurs papiers, qui paraissent en règle. Il s'apprête à les relâcher lorsque Drouet arrive et reconnaît le roi. Le tocsin sonne au clocher de l'église. Dans quelques heures, deux agents de l'Assemblée arriveront et procéderont officiellement à l'arrestation du roi de France. Ironie du sort, les chevaux tant attendus avaient simplement été déplacés à 300 mètres de là, et les hussards de Choiseul n'étaient pas loin…

Gravure représentant le retour à Paris de la famille royale après sa fuite à Varennes, le 25 juin 1791, musée Carnavalet, Paris.
Le retour de la famille royale a lieu dans un silence de mort. On a placardé sur les murs de la capitale des affiches ordonnant aux Parisiens de ne huer ni acclamer le roi. Présage funèbre que cette marche annonciatrice de la fin des souverains, qui ne quitteront plus Paris qu'en direction de la basilique de Saint-Denis, où l'on déposera leurs corps lors de la Restauration.

LA POULLE D'AUTRyCHE,

Je digere l'or l'argent avec facilitée | mais la constitution je ne puis l'avaler

Caricature royale

L'acharnement d'Hébert à caricaturer la reine à travers le biais de la sexualité témoigne à la fois de sa profonde misogynie, mais aussi peut-être d'un secret désir pour cette femme qui l'obsède…

S'il y a un homme à Paris qui enrage – et qui le dit – au retour de la famille royale, c'est Jacques René Hébert. Journaliste et pamphlétaire, membre des Cordeliers, cet homme est derrière la parution du journal *Le Père Duchesne,* qui amuse, depuis l'été 1790, les révolutionnaires par sa gouaille, sa grossièreté et le sort peu enviable qu'il réserve aux puissants déchus. Bien plus qu'une page satirique, ce journal sera à l'origine de véritables tournants de la Révolution et relaiera les appels à la mobilisation des milieux sans-culottes. Un de ses modes d'expression les plus courants est la mise en scène de son héros de papier, marchand de fourneaux de son état, notamment lors de ses visites auprès du couple royal. Les attaques adressées à Marie-Antoinette débuteront dans une sorte de critique acerbe pour finir dans l'expression la plus brutale d'une haine sans bornes.

Aux premiers temps de la Révolution, les allusions à la reine se concentrent sur son lien avec l'Autriche et sur la trahison dont elle est supposée coupable. Hébert parle ainsi de « cabinet autrichien » aux Tuileries pour évoquer cette allégeance. Plus dur est ce poisson d'avril que le pamphlétaire imagine en 1791. Son héros, muni d'un « anneau merveilleux » lui permettant de prendre l'apparence de la célèbre Polignac, se rend auprès de Marie-Antoinette. Hébert a la courtoisie de ne pas décrire trop avant les « transports de joie » que provoquent, chez la reine, les retrouvailles avec sa favorite exilée. La réputation des deux femmes, suspectées de rapports lesbiens, suffit pour que le lecteur entende ce que l'auteur induit. Quelques mois plus tard, il ne sera plus question de sous-entendus. *Le Père Duchesne* nomme précisément ce dont il accuse la reine honnie : « Sans me parler, elle se jette dans mes bras, me serre dans les siens et couvre ma face empruntée, de baisers lascifs. » Le journal ne fait en somme que relayer les accusations d'adultère, de sodomie, de lesbianisme et d'infanticide qu'invente et diffuse depuis des années la littérature pamphlétaire dont la Révolution raffole. Mais avec le temps, Hébert devient de plus en plus virulent. Dans le numéro 61, qui paraît après la tentative de fuite avortée à Varennes, il qualifie la reine d'« infernale furie », de « garce d'Autrichienne », de « tigresse » et enfin plus prosaïquement de « putain » et de « chienne ». Il affirme ainsi que la femme de Louis XVI est responsable, avec ses amis scandaleux, de la déchéance d'un roi pourtant aimé de son peuple. Mais il n'est pas seul à faire des caricatures : toute une production lubrique est diffusée dans la capitale, avec des titres évocateurs, comme *Le Godemiché royal,* ou *Bordel royal.* La comparaison animale est courante, notamment avec l'autruche (pour la proximité avec l'Autriche), mais aussi avec la grue. Dans la *Description de la ménagerie royale,* le « royal veto femelle » (surnom de la reine) est un monstre issu de la copulation d'une « guenon couronnée » (l'impératrice Marie-Thérèse) avec un ours, ou un tigre, l'auteur n'ayant su trancher !

Cette littérature qui se déchaîne contre Marie-Antoinette en attaques misogynes puise son inspiration dans les grands mythes de ces « très mauvaises femmes » qui auraient fait la perte de la France, depuis Frédégonde en passant par Catherine de Médicis. Marie-Antoinette, qui ne lisait semble-t-il presque jamais, n'a pas eu connaissance de ces pages, et quand elle en a eu vent, n'y a prêté que peu d'attention. Pourtant un coup va la frapper avec une puissance qu'elle n'aurait pu prévoir. Dans sa quête frénétique du pire à dire, Jacques René Hébert sera le plus grand soutien de l'accusation d'inceste qui vise la reine à la fin de ses jours. Déposant au procès, il dit « qu'il n'y avait pas même à douter qu'il n'y ait eu un acte incestueux entre la mère et le fils ». Cet ultime excès est la cause de son discrédit et de sa chute.

***La Poule d'Autriche*, caricature de Marie-Antoinette, 1791, musée du Louvre, Paris.**
La Révolution française a été une période extrêmement riche en caricatures diverses, des plus subtiles aux plus obscènes, visant à discréditer la famille royale, ou au contraire les révolutionnaires. Cette « poule » d'autruche-autryche, subtile allusion aux origines de la reine, a visiblement du mal à « avaler la Constitution » !

La vie au Temple

La famille royale vit ses derniers mois dans cette tour dont seule la jeune Madame Royale sortira vivante et sans se rendre à l'échafaud.

Ce sont deux tours dressées au Moyen Âge par les Templiers qui vont bientôt accueillir la famille royale, chassée des Tuileries par les émeutes du 10 août. Après quelques jours de délibération, la Convention ordonne qu'elle soit conduite, le 13 août 1792, dans ce donjon de pierre, aux murs de 9 pieds d'épaisseur. Le semblant de vie courtisane qui accompagnait encore la reine et le roi, incarné par la princesse de Lamballe et Madame de Tourzel, cesse le 19 août, lorsque que les deux femmes sont arrêtées. Ainsi il ne reste plus que le roi, son épouse, leurs enfants et Madame Élisabeth dans ces appartements décorés à la hâte, avec un certain soin, par des révolutionnaires inflexibles mais qui ne négligent pas l'ornementation murale. On n'oublie pas d'exposer sur une tapisserie la Déclaration des droits de l'homme et du citoyen.

Les premières semaines d'incarcération sont assez correctes. On accorde un budget décent aux dames pour s'habiller auprès des meilleurs fournisseurs de Paris, et on peut même passer commande à Rose Bertin, qui continue d'exercer dans sa boutique de la rue de Richelieu. Louis François de Turgy, qui était à la tête des anciens services de la bouche de Versailles, s'occupe de fournir au roi ainsi qu'à ses geôliers des menus fort convenables. Une petite vie bourgeoise s'instaure, loin de l'inquiétante agitation. Le roi et sa sœur prient, on apporte une bibliothèque, les enfants jouent. Il y a un vrai contraste avec l'angoisse des derniers jours aux Tuileries, où la menace de mort était constante. Il y a presque une sensation de sécurité au Temple. Jean-Baptiste Cléry, un familier, ancien valet de pied à Versailles, engagé le 26 août par la commune pour s'occuper du roi, permet enfin de trouver des moyens de communiquer avec l'extérieur et de s'informer. Cela ne va pas durer longtemps. À l'extérieur justement, la situation se dégrade, et les espoirs de la monarchie s'amenuisent avec les victoires des troupes révolutionnaires. À ces nouvelles s'ajoute le traumatisme du 3 septembre, quand une foule amassée sous les murs de la prison exige de voir la reine afin de lui montrer la tête ensanglantée de la princesse de Lamballe fichée au sommet d'une pique, et qui était ainsi promenée dans Paris. Défendue par les gardes municipaux affectés au Temple qui empêchent alors la foule d'accéder à la tour, la famille royale réalise à la fois le sort qui l'attend et la sécurité toute paradoxale que lui offre sa prison.

Marie-Antoinette et Madame Élisabeth expérimentent toutes sortes de procédés pour communiquer avec l'extérieur et garder l'espoir d'une fuite ou d'une amélioration de la situation. Cléry cache des messages dans des pelotes de laine ; Turgy chargé des approvisionnements, fait sortir des missives de la prison. Ce temps relativement calme ne durera pas. La commune va peu à peu interdire les sorties de la famille royale, puis séparer le roi et le Dauphin de Marie-Antoinette. En cet hiver 1792, alors que s'approche le procès de « Louis Capet », la tour du Temple ressemble de plus en plus à une prison.

Edward Matthew Ward, *La Famille royale de France dans la prison du Temple*, 1851, musée Harris, Preston.
Cette représentation romantique de la vie des souverains au Temple montre bien le nouvel espace « bourgeois » qui est devenu leur quotidien, eux qui étaient habitués jusqu'alors à l'espace « monarchique » de Versailles. Le resserrement spatial est à l'origine d'une nouvelle organisation familiale dont on sait qu'elle fut très affectueuse, presque celle d'une famille ordinaire.

21 janvier 1793

La mort de Louis XVI

Le régicide s'impose à la Révolution, qui doit symboliquement, avec la mort du roi, mettre fin à la monarchie. Louis n'est pourtant déjà plus roi, mais toujours père et mari.

La vie au Temple a profondément changé les rapports qui unissent la famille royale. Isolée, affaiblie, la reine voit le roi sous un jour nouveau. La nature prudente et pondérée de son époux, à qui l'on avait jusque-là reproché un manque de vitalité et de décision, est finalement le meilleur vecteur de stabilité dans cet espace angoissant et en ces temps troublés. D'une humeur égale, invariablement souriant face à ses enfants, qu'il cherche à éduquer comme si la vie qui s'annonce pour eux nécessitait en effet de bien connaître le latin, ce monarque déchu se révèle à Marie-Antoinette, qui admire les ressources de celui qu'elle ne regardait jusque-là qu'avec un certain mépris. Il a su, avec grandeur, résister aux troubles et aux insultes, et il servira d'exemple à la reine lorsque son tour viendra d'être jugée. Le 11 décembre, on enlève du Temple le père de famille et on l'emmène à la Convention, qui doit le juger en roi.

Il est fort malaisé de décréter les chefs d'accusation d'une personne qui n'est plus ce pourquoi on la juge, et qui l'était selon des règles caduques. La perspective d'un procès de la monarchie de droit divin promettant de sérieuses difficultés de procédure, la Convention va juger le roi constitutionnel d'après 1791. L'accusation est facilitée par la découverte, aux Tuileries, d'une armoire de fer où Louis XVI entreposait quantité de documents attestant la collusion entre sa personne et certains révolutionnaires, Mirabeau notamment, qui jouait un double jeu. Il n'est pas nécessaire d'attendre que le nouveau système soit en place pour commencer à corrompre les institutions naissantes… Les audiences n'ont pas d'autre fonction que d'enregistrer l'accusation du roi et d'obtenir sa mort, demandée depuis longtemps par Saint-Just, par Robespierre ou encore par Danton, qui affirme très simplement : « Nous ne le jugerons pas, nous le tuerons. » Le souverain comparaît tout de même, à deux reprises, le 11 puis le 26 décembre 1792. À la question de savoir si le roi s'est opposé à la Révolution et s'il a projeté d'abolir la république naissante, la Convention vote à une quasi-unanimité : oui. Ensuite, entre la captivité ou la mort, il faut au tribunal près de trente-six heures avant de trancher : pour la guillotine, justement, à une voix près, celle du cousin du roi, Philippe Égalité, duc d'Orléans.

Marie-Antoinette n'a de ce procès que de lointains échos. Pourtant, lorsque Louis revoit sa famille, le 20 janvier 1793, la reine connaît déjà la nouvelle qu'il tient à annoncer lui-même à ses proches. C'est une chose d'entendre la sentence par la rumeur publique qui parvient aux fenêtres de la tour, c'en est une autre de l'apprendre de la bouche même de celui dont on partage le destin depuis plus de vingt années. Il n'y a pas de témoin direct de cette scène hormis la fille de Marie-Antoinette. Les adieux ont été déchirants ; comment ne l'auraient-ils pas été ? Pour apaiser sa famille que la terreur étouffe, le roi déchu, avant de quitter les siens, leur promet de les revoir à l'aube, pour leur dire adieu avant d'affronter son bourreau. Le 21 janvier 1793, il ne tient pas sa promesse.

***Exécution de Louis XVI*, gravure révolutionnaire, collection particulière.**
À dix heures vingt-deux, sur la place de la Révolution, dont on discerne en arrière-plan les bâtiments, « Louis Capet, ci-devant roi de France », est décapité. C'est les mains liées qu'il s'installe sur la guillotine, opérée par le bourreau Sanson. On voit sur cette gravure l'assesseur Gros, qui, ayant récupéré la tête du défunt, la présente au peuple.

14 octobre 1793

La reine face à ses juges

Marie-Antoinette n'aura de dialogue qu'avec ses premiers juges, car sa condamnation ne met pas fin à un procès qui durera tant que des historiens raconteront son histoire.

Louis XVI n'en avait que trop conscience : dès que la lame de la guillotine aurait fini sa course verticale – en ayant sur le chemin mis fin à la relation qu'entretenait sa tête avec le reste de son corps –, les regards de ses juges se tourneraient vers son épouse. Et cela ne manque pas. Dès le 27 mars, Robespierre, à la tribune de l'Assemblée, exige la vengeance pour les « crimes de l'Autrichienne ». Le bouillonnant Hébert vitupère dans son *Père Duchesne*. En quelques mois, la Convention perd le contrôle, la contre-révolution ensanglante la Vendée, les grandes villes réclament une organisation fédéraliste et la Terreur enfin est proclamée le 5 septembre 1793. Les monarchies européennes coalisées ne comptent pas lever un petit doigt pour l'archiduchesse. Tout l'intérêt que revêt Marie-Antoinette en tant qu'otage s'effondre à mesure que la Convention le réalise. Transférée à la Conciergerie, où elle est soumise à un régime de plus en plus drastique, la veuve royale est seule, épuisée, résignée, à bout de forces. Le procès urge. D'abord, car on a peur que la reine, dont l'aura faiblit mais ne disparaît pas, soit encore capable de mobiliser pour elle quelque aventurier qui lui permette de s'enfuir. Ensuite, car on refuse, paradoxalement, qu'elle meure d'épuisement : il faut que sa mort soit la victoire du peuple.

Une des spécialités de la Terreur et du Comité de salut public est d'organiser régulièrement des procès pour des affaires en réalité déjà jugées. En l'occurrence, pour signifier à la reine qu'elle sera condamnée à mort, on convoque un tribunal. Son président, Martial Herman, est un des bras droits de Robespierre. Fouquier-Tinville y tient la fonction d'accusateur public et douze jurés seront chargés de prendre la décision après délibération. Point notable : les jurés ne sont pas tirés au sort, mais sélectionnés en fonction de leur adhésion initiale au verdict que l'on attend d'eux. C'est ainsi une pièce de théâtre qui va se jouer, à ceci près que la mort au dernier acte n'aura rien d'une feinte. Le 12 octobre, la reine subit un interrogatoire secret mené par Fouquier-Tinville dans la grand chambre du Palais de justice presque entièrement plongée dans le noir. Celle qui refusera jusqu'au bout de prononcer l'infamant état civil « veuve Capet » décline son identité : « Marie-Antoinette de Lorraine d'Autriche, trente-huit ans, veuve du roi de France. »

Le procès public s'ouvre le 14 octobre à huit heures. Ses avocats commis d'office ayant sans succès fait demander par l'inculpée un délai pour pouvoir prendre connaissance des pièces du dossier, ils improviseront pendant deux jours. La reine, seule, saura se montrer à la hauteur des échanges. Au réquisitoire de ses juges, elle répond qu'elle s'en est tenue à ce que son rôle d'épouse lui dictait. On aura beau lui parler des millions qu'elle a fait envoyer à son frère, de l'organisation de la fuite à Varennes, d'intelligences avec les puissances ennemies, elle se sort de toutes les accusations, en incriminant souvent d'autres personnes. Rien dans ce procès ne se passe comme le souhaite le comité. Certains témoins apportent leur soutien à la reine, d'autres se ridiculisent en des dépositions sans intérêt, le tout face à une femme qui reste digne, précise et fait preuve d'une intelligence qui l'honore. L'honnêteté et la sincérité n'auront pas, il faut le dire, un grand rôle dans ces audiences, tant du côté de l'accusation que de celui de la défense – Marie-Antoinette ne peut être absolument blanchie, car on ne peut nier que si elle avait pu écraser la Révolution et les révolutionnaires, elle l'aurait fait en mettant du cœur à l'ouvrage. Toutefois, c'est à Hébert qu'échoit la tâche de couronner d'indignité ces deux jours éprouvants. Lorsqu'il accuse la reine d'attouchements incestueux sur son fils, au point que ce dernier en aurait subi des séquelles aux parties génitales, le tribunal, l'accusateur et même Robespierre sont consternés. Avec ses excès et son goût du scandale, le rédacteur du *Père Duchesne* a donné à la reine l'occasion de sortir grandie du procès qui la condamne.

***Portrait de la reine Marie-Antoinette pendant son procès*, 1793, collection particulière.**
La reine se présente à son procès terriblement vieillie. Les troubles de la Révolution et en particulier ses derniers jours à la Conciergerie ont achevé de vieillir prématurément cette femme qui avait auparavant brillé par sa beauté. Chaque personne qu'elle croise remarque néanmoins la majesté qu'elle gardera toujours.

16 octobre 1793

La mort de la reine

Sa naissance, son enfance, son mariage avaient suscité les espoirs des deux plus grandes monarchies d'Europe, sa mort ressuscitera-t-elle les espoirs de la plus grande des révolutions ?

Des quatre chefs d'accusation qui lui sont reprochés, la reine est reconnue coupable. Coupable d'intelligences avec l'ennemi ; coupable de coopération et d'entretien desdites intelligences ; coupable d'avoir eu connaissance d'un complot visant à allumer la guerre civile sur le territoire de la République ; coupable enfin d'y avoir activement participé. À quatre heures du matin, le 16 octobre 1793, l'accusateur public Fouquier-Tinville, après la lecture du verdict, requiert la peine de mort et l'obtient à l'unanimité. Il y a longtemps que la reine a abandonné tout espoir d'une issue favorable. L'épuisement se lit sur son visage, elle ne répond même pas à la question du président qui lui demande si elle a des objections. Elle n'a plus rien à dire à cette cour factice où toute parole est vaine, sans objet, sans effet. Toutes ses pensées sont maintenant dirigées vers sa famille, qu'elle va bientôt quitter pour de bon, et pour son mari qu'elle va rejoindre dans la mort. Dans une lettre poignante adressée à Madame Élisabeth, sa belle-sœur, elle fait ses adieux, demande pardon à ses proches, pardonne à ses ennemis. Dans un laconique « j'avais des amis », elle adresse un dernier soupir à Fersen, l'unique personne qui se cache derrière ce pluriel qui n'indique pas le nombre, mais bien la pudeur : « L'idée d'en être séparée pour jamais et leurs peines sont un des plus grands regrets que j'emporte en mourant. » Après avoir rédigé cette lettre qui n'arrivera jamais à sa destinataire, Marie-Antoinette, vêtue de sa robe noire de veuve, s'étend une dernière fois dans sa cellule de la Conciergerie. Il fait froid. En attendant que le jour de sa mort se lève, elle pleure.

À l'extérieur, depuis cinq heures du matin, la ville s'agite. Les canons sont posés sur les ponts, trente mille hommes de la garde font refléter sur leurs baïonnettes les premières lueurs de l'aube. La foule va être immense pour voir passer la « veuve Capet », la reine déchue, la Messaline, la traîtresse, l'Autrichienne. On engage des comédiens pour pousser à la harangue au passage de la misérable charrette sur laquelle est installée Marie-Antoinette. Les mains liées, assise sur un banc, dos à la marche selon une vieille tradition médiévale, elle ne montrera aucun signe de faiblesse. Le peintre David, posté à une fenêtre du parcours, fait à la hâte un petit dessin de la reine qui passe : les lèvres serrées, les cheveux coupés à ras par son bourreau, vêtue d'une simple robe de chambre, humble et digne. On raconte que ses gardes, malgré le risque que représente le fait de témoigner de l'empathie pour la condamnée, ôtent toujours devant elle leur chapeau. Elle impressionnera jusqu'à l'échafaud, sur lequel elle monte avec une surprenante légèreté. Ses dernières paroles iront à son bourreau : « Je vous demande pardon monsieur », lui dit-elle après lui avoir malencontreusement marché sur le pied !

Il est difficile de se représenter la vérité de ces instants, tant ils respirent la littérature, et il y a certains jours dans l'histoire pour lesquels seules les heures sont vraiment connues : il est midi. Le parcours qui devrait prendre à peine quelques dizaines de minutes entre la Conciergerie et la place de la Révolution a été prolongé afin que le peuple ait le temps de profiter de l'événement. Quelques amis tenteront sur la route de venir en aide à la reine, en vain. Rien ne pourra la sauver, et finalement, elle-même n'a plus envie de l'être. Abandonnée par les siens, livrée à un peuple étranger qui la déteste et pour lequel elle n'a aucun respect, Marie-Antoinette n'adresse pas un seul mot, ni même un dernier regard à la foule. C'est Henri Sanson, le fils du bourreau de Louis XVI qui, succédant à son père, a la charge de fixer la reine sur le banc de la guillotine. Le son sourd de la lame qui la décapite est sec. On pourrait, si l'on n'y prenait pas garde, le rater tant il est court. Puis, il est midi et quart, et la reine est morte : vive la république ! Vive la liberté !

École danoise, *Exécution de Marie-Antoinette*, musée Carnavalet, Paris.
C'est le fils de Charles Henri Sanson, Henri Sanson, qui exécute Marie-Antoinette. La foule crie « vive la république ! » lorsqu'on lui présente la tête de la reine, qui sera inhumée au cimetière de la Madeleine avec Louis XVI.

La chambre de la Reine à Versailles

Les appartements de la reine à Versailles sont richement meublés par les artisans les plus courus de son temps. Jean-Baptiste Séné a réalisé l'écran de cheminée au motif floral sur des tons pastel, caractéristiques du goût de Marie-Antoinette. Le serre-bijoux de la reine, que l'on voit derrière la balustrade, conçu pour Trianon, et dont on doit l'exécution à l'ébéniste parisien Ferdinand Schwerdfeger en 1787, est célèbre pour avoir été l'un des meubles les plus coûteux du XVIIIe siècle ! Le mobilier commandé pour les grands appartements n'était pas moins riche. La chambre de la Reine montre en outre le goût pour l'antique d'une souveraine toujours à la mode : on y voit notamment la vogue de l'égyptomanie, dont les feux en bronze doré à sphinges qui trônent devant la cheminée sont les témoins.

Une icône

Comment une femme belle, joyeuse, pleine de vie, riche et puissante pouvait-elle ne pas devenir un mythe ? Celle qui se rêve tantôt actrice, parfois paysanne, et qui sait qu'elle est la plus belle, connaîtra la joie d'être admirée et la violence que l'on réserve à ceux qui furent aimés et que l'on n'aime plus.

La mode

Passionnée de mode, de coiffures, de tissus et d'accessoires en tout genre, la reine est une véritable ambassadrice des créateurs de son temps…

À son arrivée à Versailles, la jeune Dauphine n'accorde aucune espèce d'intérêt à sa garde-robe, et ne se sert en somme de ses vêtements que pour s'essuyer les mains après avoir joué avec ses chiots. Elle n'y pense pas encore comme un moyen pour rehausser sa taille et flatter sa silhouette. D'ailleurs, si on reconnaît la grâce de la jeune fille, dont le port a été parfaitement sculpté par ses leçons de danse, son visage charme peu. Le pouvoir que lui conférera son regard bleu lui est encore étranger, et ce ne sont pas ses habilleuses officielles qui vont lui en enseigner la science. La garde-robe de Marie-Antoinette est en effet confiée à la duchesse de Villars, qui n'a comme talent en matière de mode que celui de trouver la façon de renouveler chaque jour l'habillement de la reine en s'appliquant à n'y faire preuve d'aucune sorte d'originalité.

Toinette grandit, elle devient reine. Les regards des hommes qui se posent sur elle s'attardent et se font plus curieux. Les hommages se multiplient, on loue sa beauté. La cour n'a d'yeux que pour cette reine de vingt ans, que ces attentions enivrent : elle en veut plus. Elle décide d'être la plus belle femme du royaume, et si tel est son désir, il faut qu'il soit obéi ! Dès lors, une véritable petite industrie dédiée à sa beauté se met en mouvement. Elle va recruter la meilleure créatrice de mode du temps, car il faut bien dire que la duchesse de Villars est tout à fait dépassée. On avait pu admirer, lors du mariage de Mademoiselle de Penthièvre avec le duc de Chartres, en 1769, une collection de tenues sublimes, portées par les plus jolies femmes de la cour. Celle qui est derrière cette espèce défilé de mode avant l'heure est une petite Picarde qui s'est taillé à Paris la réputation de meilleure couturière du royaume : Rose Bertin. Dans sa boutique de la rue Saint-Honoré, elle confectionne non seulement des robes, mais tous les accessoires qui vont avec. Pour elle, la reine va contre les coutumes de la cour, qui entend contrôler sa garde-robe. Elle rend pour ainsi dire sans emploi ses couturières attitrées, et attache à son service sa « modiste », qui se rend à Versailles deux jours par semaine avec des prototypes de tenues et une infinité de tissus qu'elle propose à une souveraine émerveillée par l'originalité, la vitalité et la jeunesse des tenues qu'elle achète sans compter.

Rapidement, Marie-Antoinette devient la meilleure cliente de la créatrice. En échange, la couturière lui offre le luxe d'être à l'avant-garde de la mode. Cela a un coût démesuré : de 30 000 livres annuelles en 1776, il atteint 108 000 livres en 1780. Les femmes du royaume s'endettent pour suivre les vogues successives. La peintre Élisabeth Vigée-Lebrun immortalise dans ses sublimes peintures certaines de ces tenues. Dans le portrait en robe de mousseline dite « en gaulle » (1783), la reine apparaît en tenue d'intérieur, coiffée d'un chapeau de paille, et scandalise par la simplicité de sa mise ! Léonard, coiffeur et collaborateur de Rose Bertin, invente des perruques invraisemblables, si hautes que ces dames ne peuvent plus rentrer dans leurs voitures et qu'elle sont tenues de voyager à genoux, ou penchées ! Comme une version Ancien Régime de la *fast fashion*, il crée pour la reine des perruques agrémentées d'accessoires à modifier en fonction de l'actualité, et ses clientes dépensent ainsi des fortunes pour renouveler régulièrement leurs parures en imitant celles de la reine. Ensemble, Marie-Antoinette, Léonard et Rose Bertin, dans l'intimité du petit cabinet de la Méridienne, créent le mythe de Marie-Antoinette reine de beauté, dont l'image continuera de fasciner jusqu'aux créateurs de mode contemporains : John Galliano, par exemple, dessine pour la maison Christian Dior une robe s'inspirant des goûts de la reine… en 2001 !

Une histoire, sûrement inventée, témoigne de la réputation de la reine à Paris. Alors qu'elle fait remarquer un jour à une jeune femme que sa tenue est fort « parcimonieuse », la reine aurait reçu pour réponse : « Madame, il ne suffit pas que nous payions nos robes ; il nous faut encore payer les vôtres. »

Heinrich Lossow, *Marie-Antoinette*, XIXe xiècle, collection particulière.
Cette toile montre une Marie-Antoinette gaie, qui regarde directement le spectateur alors qu'autour d'elle s'affairent coiffeurs et modistes, qui la parent de ses plus beaux atours. La légende veut qu'après le départ de ses habilleurs officiels, la reine fit venir Rose Bertin pour tout reprendre : ses séances d'habillement devaient être particulièrement longues !

La joaillerie

Si la reine rit de se voir si belle en son miroir, son entourage ne s'amuse pas lorsque les fournisseurs présentent les factures qui suivent, fatalement, les livraisons de ses diamants…

Si Marie-Antoinette n'entend pas être une reine comme les autres, son comportement concernant les bijoux ne fait pas exception. On n'attend pas d'une reine qu'elle soit belle, mais qu'elle offre des enfants au roi. Ce sont aux maîtresses qu'incombe la tâche de plaire à Leurs Altesses Royales. Ce n'est donc ni de Marie Leszczyńska ni de la malheureuse Marie-Thérèse d'Autriche que devrait se réclamer Marie-Antoinette lorsqu'elle se pare. Ce n'est que l'écart symbolique qui la sépare des maîtresses royales qui l'empêche de trouver dans des figures comme celle de la Pompadour des prédécesseuses de grande valeur. Qu'elle le veuille on non, la reine a, de fait, en termes de joaillerie, les réflexes d'une favorite. La dernière en date, la comtesse Du Barry, a trouvé chez le bijoutier Boehmer son fournisseur fidèle, et c'est chez lui que Marie-Antoinette fera l'acquisition de ses plus beaux diamants. Mais s'il semble normal que la comtesse se pare avec outrance de bijoux onéreux, la femme du roi a, en matière de pierres précieuses, moins de libertés qu'une ancienne fille de joie.

Il n'est pas question, d'ailleurs, que la reine fasse acquisition de quelque bijou que ce soit. Les services de la garde-robe n'ont aucune ligne de crédit pour cela, et la jeune femme est priée de se contenter, pour s'orner, des joyaux que lui fournissent les services de la Couronne. Elle peut enfin s'en faire offrir, mais s'en acheter ne lui est pas permis. À ce stade, le lecteur aura compris le rapport pour le moins confus qu'entretient Marie-Antoinette avec le concept d'autorisation : puisqu'elle raffole des bijoux, pourquoi faudrait-il qu'elle s'en prive ? Une cohorte de bijoutiers aussi talentueux que commercialement persuasifs, et un mari complaisant quant aux dettes de son épouse, l'ont conduite à faire, disons, quelques menues dépenses. Pour « six diamants en forme de poire, d'une grosseur prodigieuse », à l'origine mis ensemble pour la Du Barry, le bijoutier Boehmer réclame 400 000 livres : une fortune. L'affaire est conclue en 1775 pour 348 000 et à crédit. Rappelons que la cassette personnelle annuelle de la reine ne s'élève qu'à la moitié de cette somme, et qu'elle doit régler toutes les dépenses de sa maison. À Vienne, le goût de Marie-Antoinette pour les bijoux, rapporté par l'abbé de Vermond et l'ambassadeur Mercy à l'impératrice consternée, occasionne des remontrances. Une histoire de bracelets, d'abord cachée par la reine au diplomate, finit par parvenir aux oreilles de Marie-Thérèse, avec un décompte détaillé des dépenses afférentes et des crédits engagés pour les régler. En recevant le sermon maternel, Marie-Antoinette s'amuse : « Voilà que mes bracelets sont arrivés à Vienne ! » et considère que ce ne sont là que bagatelles sans gravité. D'ailleurs, quelle importance leur accorder, puisque le roi lui-même ne semble même pas s'émouvoir que la reine se trouve en une situation telle qu'elle doive lui demander de l'argent pour régler ses factures. Le bon Louis XVI n'était, selon Mercy, « point surpris que la reine fût sans argent, vu le goût qu'elle avait pour les diamants ».

Ce goût sera toutefois à l'origine de la scandaleuse affaire du collier et ne fera qu'accentuer sa réputation de reine des dépenses, parfaitement inconsciente de ses extravagances. On pense même que de son endettement pour ses diamants viendrait son goût pour les jeux d'argent… Alors que les favorites bénéficiaient de largesses des monarques, s'attirant souvent le mépris d'une partie de la cour et parfois du peuple, on ne pardonnera pas à Marie-Antoinette d'avoir été la favorite de son roi qui avait le goût délicat de n'aimer que sa femme, et qui ne se privait pas de lui offrir de beaux bijoux. Si beaucoup de ceux-ci ont été dispersés par la Révolution, certains ont été envoyés dès 1791 à Marie-Christine, la sœur de la reine, à Bruxelles. C'est par cette dernière que Madame Royale, sortie de prison en 1795, récupère quelques bijoux de sa défunte mère.

***Portrait miniature de Marie-Antoinette, reine de France*, collection particulière.**
Les bijoux de Marie-Antoinette sont entrés dans la légende, tant et si bien que lors d'une vente organisée par Sotheby's à Genève en 2018, un pendentif en perles et diamants a été vendu au prix record de 32 millions d'euros !

L'affaire du pamphlet

Marie-Antoinette, c'est connu, ne lit pas ou très peu, et c'est peut-être pour le mieux qu'une certaine littérature incendiaire la concernant ait échappé à son attention…

Dans la seconde moitié du XVIIIe siècle, se développe une économie du pamphlet, qui agace au plus au point les têtes couronnées européennes. Tous les moyens sont bons pour saisir ces petits brûlots dévastateurs et briser les réseaux qui les impriment et les diffusent. Pendant ces décennies durant lesquelles l'opinion publique gagne un rôle croissant dans le gouvernement des peuples, ces libelles sont autant de petits coups portés aux fondements de la monarchie. Marie-Thérèse, après avoir eu entre les mains le pamphlet qui nous intéresse ici, écrit : « Jamais rien de plus atroce n'a paru. » Ce texte, qui traverse l'Europe et s'attaque violemment à sa fille, est titré : « *Avis important de la branche espagnole sur ses droits à la Couronne de France, à défaut d'héritiers, et qui peut être utile à toute la famille de Bourbon, surtout au roi Louis XVI.* »

On connaît surtout Pierre Augustin Caron de Beaumarchais, né en 1732, pour ses pièces de théâtre, mais il fut aussi espion. L'auteur du *Barbier de Séville* et du *Mariage de Figaro* n'a pas eu à aller puiser très loin dans les méandres d'une imagination prolifique pour créer les imbroglios, les manipulations et les duperies qui font la saveur de ses pièces. Car sa vie n'est autre qu'une invraisemblable succession de succès et d'échecs, de procès, de fuites, d'emprisonnements, de coups politiques réels ou fictifs, sous les hourras des salles parisiennes conquises. Ce roturier, fils d'un horloger de Paris, s'est déjà fait remarquer pour son ingéniosité dans le métier paternel. Après avoir intenté et gagné un procès pour faire valoir ses droits sur un système améliorant les ressorts des montres, il fréquente la cour et les milieux financiers, s'enrichit et à partir de 1770 commence une vie mouvementée. Parmi les diverses façons qu'il trouvera pour prospérer, la plus étonnante demeure qu'il a été agent secret pour Louis XV, puis pour Louis XVI.

Le littérateur-espion pensait avoir réussi à se débarrasser du pamphlet qui dénonçait à la fois l'influence de l'impératrice d'Autriche sur Marie-Antoinette et l'absence d'héritier. L'auteur présumé en avait pourtant gardé un exemplaire, dont notre dramaturge finit par s'emparer après une véritable course-poursuite entre les Pays-Bas et l'Allemagne. Pensant y gagner un double salaire, il se rend auprès de l'impératrice avec l'opuscule en lui proposant de le modifier, de le tourner à l'avantage de la reine et de l'imprimer à nouveau ! Cette tentative de double jeu, si plaisante sur scène, irrite profondément l'impératrice, qui n'ignore pas que Beaumarchais est payé par la France pour détruire le libelle – des rumeurs disent même qu'il en est simplement l'auteur ! Elle invite donc l'aventurier à réfléchir quelque temps en prison.

Cette brochure, et la traque menée par Beaumarchais pour mettre un terme à sa diffusion, nous informe sur la situation de Marie-Antoinette. Il faut noter que le dramaturge avait d'abord été recruté par Louis XV pour chasser les pamphlets contre la Du Barry. La continuité de son emploi et le fait que les satires s'attaquent dorénavant à la reine montrent que l'image de Marie-Antoinette est une sorte d'hybridation entre reine et favorite. Ajoutons à cela le fait qu'en 1774, la souveraine n'a pas donné d'enfant à la Couronne. On imagine alors comment une pensée misogyne va s'en prendre à cette femme doublement coupable d'infertilité et de quasi-prostitution. Ensuite, l'extension européenne de sa charge polémique montre le rapport paradoxal entre l'espace politique de la reine et sa réalité quotidienne, et l'accélération du temps politique. Alors que le texte qui l'accuse est imprimé à Londres, que son auteur est débusqué aux Pays-Bas, pourchassé en Allemagne, et que Beaumarchais se retrouve en prison à Vienne, la reine passe son temps confinée à Versailles, où elle promène ses ombrelles dans les allées de Trianon, ignorant jusqu'à l'existence de ce pamphlet qui la salit.

Jean-Marc Nattier, *Pierre Augustin Caron de Beaumarchais*, 1755, Comédie-Française, Paris.
Si Beaumarchais tient ici à la main une partition de musique, ce n'est pas parce qu'il voulait faire chanter la reine Marie-Thérèse. Ses pièces Le Mariage de Figaro *et* Le Barbier de Séville *ont fait l'objet d'adaptations, du vivant du célèbre dramaturge par Mozart et en 1816 par Rossini.*

Le goût de Marie-Antoinette

Marie-Antoinette se détourne des grands espaces cérémonieux où passent à la fois les flatteries et les courants d'air, et son goût se dirige vers la simplicité et l'intime.

On a l'habitude de nommer les styles de mobilier successifs d'après le monarque qui règne à l'époque de leur élaboration. Cela s'entend aisément concernant le mobilier français du XVIIIe siècle : celui de Versailles est en permanence renouvelé par les services du garde-meuble, et c'est pour le roi et la cour que les grands ébénistes, tapissiers, marqueteurs, doreurs de l'époque rivalisent de talent et font évoluer les goûts en matière de meubles. Pour comprendre le style dit « Louis XVI », roi à qui on ne connaît pas d'inclination particulièrement développée pour la décoration, il faut ajouter le goût de Marie-Antoinette, et dans cette alliance on peut appréhender ces meubles aux formes simples et épurées mariés à des tapisseries de fleurs sauvages.

À l'avènement de Louis XVI en 1774, Marie-Antoinette se voit attribuer les grands appartements de la reine, au premier étage de Versailles, et avec eux les stocks du garde-meuble, mais aussi un fort généreux budget pour meubler les lieux. Pour Trianon, suivant la mode d'un retour à l'antique, à la géométrie, aux angles et aux lignes, la souveraine fait commander des pièces de style classique qui rompent avec les formes rocaille héritées de Louis XV et de la Du Barry. Les harmonieuses proportions du bâtiment se retrouvent bientôt dans les commodes, les guéridons et les fauteuils qui équipent, au château, les cabinets et les petites pièces satellites aménagées autour des grands appartements de la reine, laquelle privilégie des espaces plus intimes.

Les grands noms de l'époque font des chefs-d'œuvre pour Marie-Antoinette. À Versailles, l'architecte Jacques Gondouin, qui est le dessinateur attitré du mobilier de la Couronne, conçoit les chaises des cabinets intérieurs : leur structure en bois cannelée, où flottent quelques rubans sculptés et dorés représente l'alliance entre des lignes simples et des matériaux d'un luxe sans limite. Pour ce « cabinet intérieur de Versailles », la reine fait commander aux soyeux lyonnais un ensemble en satin blanc avec fleurs en guirlandes et médaillons brodés, d'une valeur de près de 100 000 livres, qui sera très vite remplacé par un ensemble de boiseries, chef-d'œuvre des frères Rousseau.

On ne peut parler de luxe sans évoquer l'ébéniste Jean-Henri Riesener, qui signe les pièces les plus exceptionnelles, et les plus chères, du mobilier de la reine. Pour une fois, néanmoins, on ne peut tenir Marie-Antoinette responsable de ce comportement dispendieux à l'excès. Son ébéniste favori était déjà celui qui concevait le mobilier de Louis XV. C'est en effet à lui que l'on doit l'achèvement du bureau à cylindre du roi, qui avait été commandé à son maître, Jean-François Oëben, en 1760. Ce modèle d'ingéniosité et de luxe, qui avait coûté une fortune à la Couronne, est encore aujourd'hui l'un des meubles les plus connus au monde. Ainsi, en commandant du mobilier au fournisseur principal du palais, Marie-Antoinette est loin de faire exception. C'est même le contraire : le renouvellement des meubles est presque une injonction faite à la reine. Les murs de Versailles connaissent autant de mues que certaines espèces saisonnières, ou peu s'en faut : on change la couleur des tissus pour célébrer le printemps comme pour préparer l'hiver.

C'est à Trianon que l'on trouve la réalisation la plus complète du style Marie-Antoinette. Là, sur ce mobilier dit « aux épis » qui reproduit tout un monde végétal, les fleurs règnent. Miraculeuses dans leurs délicates nuances de pastels, elles ornent les murs et les meubles de ce havre qui puise dans la nature l'idée de paix et d'harmonie, inspirée par la philosophie de Jean-Jacques Rousseau, mais financée sur les deniers du roi. C'est dans l'entourage des personnes les plus riches du royaume, et certainement pas les plus modestes, que se crée ce style qui imite la simplicité. On y invente même la délicate idée de peindre le bois « au naturel », c'est-à-dire couleur bois.

Jean-Henri Riesener, *bureau à cylindre*, livré le 21 décembre 1784.
Ce bureau est une création de l'ébéniste favori de la cour. On y trouve représentés les attributs de la poésie, sculptés dans des essences de bois de rose, d'amarante et de sycomore. Destiné au cabinet intérieur de la reine, il est aujourd'hui exposé au musée du Louvre, à Paris.

Une modernité dangereuse

Alors qu'elle paraît plus que quiconque y être attachée, toutes les actions de la reine semblent s'opposer à la monarchie : serait-elle une femme moderne qui s'ignore ?

En observant attentivement la vie, les comportements, les aspirations et les différentes réactions de Marie-Antoinette pendant son règne et lors des épreuves de la Révolution, on éprouve une véritable difficulté à saisir la vie intérieure de cette femme. Tantôt moderne, égérie de la mode, jeune Dauphine forte en caractère, elle est encore apprentie bergère inspirée par les réflexions philosophiques de Rousseau. L'observateur du XXIe siècle élabore, admire même une figure mythifiée, précurseuse d'une certaine féminité contemporaine, celle d'une femme qui fait des choix. Choix de ses amitiés, choix de ses activités, choix même de la gestion de ses maternités lorsque, après sa quatrième grossesse, elle fait savoir à son mari qu'elle s'en tiendra là quant à ses devoirs de renouvellement générationnel. Mais l'autre face de Marie-Antoinette vient en exacte contradiction avec ce qu'un esprit trop généreux voudrait trop vite qualifier de « moderne », ou de « rebelle » comme on peut même lire parfois. Du conflit qui l'oppose à la favorite Du Barry, dont elle méprise la vile extraction, à l'organisation de la fuite à Varennes, prélude à une riposte qui eût été sanglante contre les révolutionnaires, Marie-Antoinette fait bel et bien figure de championne de l'Ancien Régime.

De cette modernité compensée par un légitimisme ardent et une farouche volonté contre-révolutionnaire, on peut néanmoins extraire les éléments qui font de la reine, non la cause de la Révolution, mais un de ses principes. La fin d'un régime est un moment où ses institutions, fondées à une époque donnée par des personnes qui étaient en mesure de les faire fonctionner, ne trouvent plus à s'incarner. En ce qui concerne la forme monarchique française à la veille de la Révolution, elle a été formée sous le règne de – et pour – Louis XIV. On ne s'attardera pas ici sur l'inadéquation de Louis XVI et, dans une moindre mesure celle de Louis XV, à la fonction monarchique de droit divin dont ils ont hérité. Mais Marie-Antoinette peine elle aussi à l'incarner pour une raison flagrante et d'une extrême simplicité : elle existe et s'exprime. La dernière reine de France à avoir tenu un rôle à Versailles était Anne d'Autriche, la mère du Roi-Soleil, qui s'est éclipsée quand son fils s'est levé, et donc avant l'institution de l'absolutisme louisquatorzien. Les reines suivantes furent Marie-Thérèse, dont la mémoire collective a eu comme unique politesse de retenir d'elle qu'elle n'était pas très jolie, puis Marie Leszczyńska, reine d'origine polonaise dont on écorchait le nom pour rire. Louis XIV, lorsqu'il mettait en scène sa monarchie, n'avait donné à la reine, son épouse, qu'un rôle secondaire, rôle dont devaient hériter ses successeuses. Ainsi, Marie-Antoinette arrive à Versailles comme une grande actrice monterait sur la scène d'un théâtre où on l'attend comme figurante. D'où vient – pense-t-on – que cette jeune Autrichienne, fort jolie mais que l'on trouve trop bavarde, s'imagine à ce point autorisée à exprimer son opinion et à s'agacer de n'être pas entendue ? Peut-être le fait que sa propre mère dirigeait à la fois son foyer et un empire n'encourageait-il pas Toinette à faire profil bas ! La synthèse d'une éducation ouverte, d'une figure maternelle puissante et la certitude que les noms de Habsbourg et de Bourbon propulsent ceux qui les portent aux plus hauts degrés de l'importance humaine ne pouvait certes pas créer une autre personne que cette Marie-Antoinette-là.

En outre, elle n'est pas moderne, c'est la monarchie qui est ancienne. La reine a beau être infiniment attachée au prestige de la Couronne, il lui est impossible de ne pas être une femme de son temps. C'est ce qui fascine chez elle, et c'est ce qui la rapproche le plus de ce peuple français révolutionnaire qu'elle finira par haïr – lui qui, comme elle mais avec plus de réussite, ayant beau être attaché à sa monarchie, lui a préféré la modernité et la voie de la liberté.

École française, ***Portrait de Marie-Antoinette de Habsbourg-Lorraine,*** **1775, musée Antoine-Lécuyer, Saint-Quentin.**
La modernité de la reine réside aussi dans la reproduction presque industrielle de son image, et par le grand nombre de ses portraits.
On s'étonne presque qu'Andy Warhol, qui s'est intéressé aux grandes icônes féminines, n'ait pas réalisé le portrait de la toute première d'entre elles…

Une image du martyre

Le principe d'un mythe n'est pas la demi-mesure. La reine, lorsqu'elle fut belle, est décrite au sommet de la beauté. Et lorsqu'elle tombe, c'est au paroxysme de la douleur humaine…

L'image de martyre commence à se forger dès le vivant de Marie-Antoinette, et cela peut surprendre, mais c'est lors du retour de Varennes que l'on trouve la première fois l'expression d'une opinion moins sévère sur la reine. Sous la plume de Pétion, ce révolutionnaire pourtant convaincu, qui avec Barnave est chargé d'escorter la famille royale jusqu'aux Tuileries, on lit : « J'aperçus un air de simplicité qui me plut. »

De nombreux témoins, qui ne sont cependant pas acquis à la cause de la souveraine, notent, admirent et se laissent séduire par cet « air de simplicité » qu'elle dégage durant les mois d'épreuves qui la mèneront jusqu'à la guillotine. Après la mort du roi en janvier 1793, la « veuve Capet » s'attire les sympathies de ses geôliers, qui vont lui rendre la vie au Temple plus supportable. L'officier municipal Goret permet ainsi à la famille royale, qui manque d'air dans sa geôle, de faire des promenades au sommet de la tour. Un autre exemple de l'aura que dégage la reine se trouve dans la « conversion » de Toulan, membre de la garde du Temple, émeutier et républicain pur et dur qui, face à la douleur de Marie-Antoinette, finira par se mettre à son service. Il ira jusqu'à briser les scellés de l'armoire contenant l'anneau de mariage et le cachet de Louis XVI pour les remettre à sa veuve. À son arrivée à la Conciergerie, en août 1793, la reine ne peut qu'inspirer la pitié aux petites gens qui sont chargés de la garder. Ils s'apitoient sur le sort de cette souveraine déchue, de cette femme souffrante. Le couple Richard, concierges de la prison du Palais de justice et la petite Rosalie, qui officie comme servante, compensent comme ils peuvent les mauvais traitements que la Dame Harel, attachée de même à son service, fait subir à Marie-Antoinette. Est-ce la sainteté ou l'épuisement qui coupent l'appétit de la captive ? En tout cas, la timide Rosalie insiste pour la faire manger, sans y parvenir tout à fait.

Le récit de la journée de la mise à mort de Marie-Antoinette, s'il est raconté par un républicain, sera celui d'une peine méritée, d'une échéance trop attendue et d'une liesse populaire. Pour d'autres, le parcours de cette femme que la vie semble déjà avoir quittée, traversant une ville hostile sur une pauvre charrette, supportant les injures jusqu'à son heure dernière, n'est rien d'autre que le chemin de croix d'une martyre. Elle s'était déjà attiré, lors de son procès, la sympathie des mères horrifiées par l'accusation d'inceste dont chacune comprend qu'elle n'a pour but que de traîner dans la boue une femme déjà déchue. D'autres comme Léon Bloy feront plus tard de l'ultime traversée de Paris la marche d'une sainte vers son salut. Il écrit ainsi en 1891 : « Marie-Antoinette a fait comme saint Denys. Elle a ramassé sa tête coupée et elle s'est mise à marcher et à régner toute seule, cette tête à la main. »

C'est la sévère loi de la renommée qui exige qu'il faille mourir pour que la réhabilitation vienne. L'image de Marie-Antoinette en martyre va se répandre jusqu'à nos jours. Outre Fersen, qui voue à la mémoire de sa reine un culte que l'on imagine aisément, les royalistes vont au fil du temps s'appuyer sur une famille royale martyre pour mobiliser les forces contre-révolutionnaires. Le journal de Cléry, valet de la famille au Temple, publié en 1798, contribuera à peindre le tableau de victimes du déchaînement de l'histoire, dont s'inspirera largement l'iconographie du XIXe siècle. Marie-Antoinette ne bénéficie pourtant pas totalement de cette reconstruction, qui se concentre sur le roi et ses enfants. S'il y a eu des procès en béatification pour soutenir l'image du martyre royal et du régicide sacrilège (celle de Louis XVI sera refusée dès 1820 ; Madame Élisabeth attend toujours), force est de constater qu'il ne reste guère que Jean Charles-Roux, porte-étendard d'un courant royaliste « providentialiste » relativement confidentiel, qui défend encore en 2007 l'idée de la béatification de la reine et qui dénonce son martyre.

Paul Delaroche, *Marie-Antoinette avant son procès devant le tribunal révolutionnaire, le 14 octobre 1793*, musée Carnavalet.
Dans cette gravure, on voit une reine majestueuse, forte et au regard affirmé qui semble destinée à illustrer l'imagerie royaliste rendant hommage à la reine martyre. On observe notamment comment sa sainteté est évoquée par la clarté du rayon de lumière sur son visage, qui paraît provenir du ciel et qui laisse dans l'ombre celui, inquiétant, du garde qui l'accompagne.

Marie-Antoinette au cinéma

À une telle vie, on sait que la mort ne saurait mettre un terme, et c'est au cinéma, l'art de l'immortalité, que Marie-Antoinette continue d'exercer ses charmes et à nous fasciner.

Une reine étrangère, belle et mystérieuse, des temps politiques troublés, la guerre, le soulèvement d'un peuple et enfin l'échafaud inévitable qui met fin à une existence éclatante. Reste à découper cette vie en cinq actes, à faire parler tout le monde en alexandrins, et vous pleurerez bientôt aux balcons de la Comédie-Française. L'héroïne Marie-Antoinette n'a pas eu, comme ces Bérénice, Hermione, Andromaque ou Phèdre, l'illustre honneur d'être rendue tragique par l'opération de quelque poète classique. C'est le cinéma qui s'est chargé, et qui se charge encore, de réécrire son histoire malheureuse. Dès 1938, l'actrice Lise Delamare joue le rôle de la reine dans le film *La Marseillaise* de Jean Renoir, et jusqu'à nos récentes années, la vie de Marie-Antoinette a été adaptée sur le grand écran sans discontinuer, achevant de faire de cette souveraine une figure mythique au même titre que les grands personnages tragiques, et souvent aux dépens de la réalité historique.

Le principe du mythe, c'est qu'il a une fonction. L'objectivité et la réalité historique ne sont pas les priorités des réalisateurs et des réalisatrices qui se sont saisis de l'histoire de Marie-Antoinette, car ils l'adaptent avec leurs biais d'artistes et à travers le prisme déformant des modes et des époques. La mode vestimentaire et l'esthétique sont très souvent un élément central des projets cinématographiques autour de la défunte reine de France. C'est pourquoi il s'agit pour l'essentiel de productions à gros budget nécessitant force décors, accessoires, costumes et perruques. Prenons par exemple deux *Marie-Antoinette* américaines : celle de W.S. Van Dyke en 1938 et celle de Sofia Coppola en 2006. Pour la première, *made in* Hollywood, on fait réaliser quatre-vingt-dix-huit décors, et pour la seconde, tournée à Versailles, il faut fabriquer des répliques du mobilier du château, car les orignaux sont trop fragiles pour supporter les risques d'un tournage. En plus des magnifiques costumes créés pour habiller Kirsten Dunst – en reine – et les centaines de figurants, on imagine la hauteur du budget nécessaire.

Certains films traitent des aspects politiques, de la période de la Révolution française et de ses conséquences : *La Marseillaise* de Renoir, *La Nuit de Varennes* d'Ettore Scola (1982) ou *Les Adieux à la reine de* Benoît Jacquot (2011). D'autres se concentrent sur sa vie amoureuse ; ainsi en est-il de *Marie-Antoinette, reine de France* (1956), de Jean Delannoy, où Michèle Morgan incarne une reine déchirée entre sa fidélité envers le roi et sa passion pour Fersen. D'autres encore se concentrent sur la jeunesse et la modernité de la souveraine, ce qui fait par exemple la vitalité et l'audace de film de Sofia Coppola. Pour une époque visuellement aussi forte que la fin du XVIIIe siècle, on imagine bien qu'un des rôles les plus importants de ce tournage, c'est celui de costumier/costumière. Figure de la mode, femme au destin tragique ou adolescente pleine de vitalité, chaque film a su se saisir de la figure de la reine pour raconter sa propre Marie-Antoinette, ajoutant toujours au mythe ses nouvelles fonctions, selon les choix politiques et esthétiques des réalisateurs et des réalisatrices, et pour le plus grand bonheur des actrices, qui trouvent dans ce rôle une belle façon de se montrer royales.

Kirsten Dunst dans *Marie-Antoinette* de Sofia Coppola, 2006.
On note sur cette image, comme dans un certain nombre de représentations de la reine, quand il s'agit de montrer sa liberté et sa joie de vivre, comment on la rattache à l'enfance. Le doigt sur les lèvres, le regard mutin et joueur, semblent accréditer la thèse d'une reine éternelle adolescente qui s'amuse à séduire et qui n'est entrée dans l'âge adulte que par la force des événements.

Le Hameau de la reine

Bonjour, veau, vache, cochon, couvée ! Voici le Hameau de la reine, cette étonnante ferme sise en plein parc du domaine de la reine à Trianon. À la fois décor de théâtre pour promenades bucoliques et vraie ferme à but pédagogique pour les enfants royaux, cet ensemble a été commandé à Richard Mique en 1783. Composé d'un moulin dont la roue n'est que fantaisie, de la « tour de Marlborough » et d'une étable, d'une porcherie et d'un poulailler où les poules caquettent pour de vrai, ce hameau est resté particulièrement célèbre pour l'image inédite d'une reine qui joue à la bergère. Si Marie-Antoinette n'a pas véritablement prétendu y garder les brebis, ce hameau recréant une atmosphère de paysannerie idéalisée est le symbole de l'influence de la pensée de Jean-Jacques Rousseau sur la reine et son entourage.

Elles ont été Marie-Antoinette

Suzanne Bianchetti dans *Napoléon,* réalisé par Abel Gance. Cette fresque historique est d'abord présentée à Paris, à l'opéra Garnier. Sur une musique d'Arthur Honegger, elle a en outre la particularité d'inclure dans sa distribution le poète et dramaturge Antonin Artaud, qui incarne le rôle de Marat. France, 1927.

Diana Karenne dans *Le Collier de la reine,* réalisé par Gaston Ravel et Tony Lekain, d'après le roman d'Alexandre Dumas. France, 1929.

Anita Louise dans *Madame Du Barry,* réalisée par William Dieterle, avec Dolores del Río dans le rôle de la favorite de Louis XV. États-Unis, 1934.

Lise Delamare dans *La Marseillaise,* réalisée par Jean Renoir. France, 1938.

Norma Shearer dans *Marie-Antoinette*, réalisé par W.S. Van Dyke. États-Unis,1938.

Nina Foch, dans *Scaramouche,* réalisé par George Sidney. États-Unis, 1952.

Lana Marconi dans *Si Versailles m'était conté,* réalisé par Sacha Guitry, avec Jean Marais dans le rôle de Louis XV et Tino Rossi dans un rôle de gondolier, entre autres grands acteurs ayant participé à cette célèbre production. Italie/France, 1954.

Renée Saint-Cyr dans *Le Prince au masque rouge* de Vittorio Cottafavi. Italie, 1954.

Michèle Morgan dans *Marie-Antoinette, reine de France,* réalisée par Jean Delannoy. France/Italie, 1956.

Annie Ducaux interprète le rôle à deux reprises pour la télévision : en 1958 dans l'épisode *La Mort de Marie-Antoinette,* de la série « La Caméra explore le temps », réalisé par Stellio Lorenzi, et avec Michel Bouquet dans le rôle de Robespierre. Elle joue ensuite en 1963 dans « Le Chevalier de la maison rouge », série réalisée par Claude Barma d'après le roman d'Alexandre Dumas.

Patricia Lesieur dans *Joseph Balsamo,* série télévisée réalisée par André Hunebelle, diffusée sur l'ORTF, inspirée d'un roman d'Alexandre Dumas, et dont le rôle-titre est interprété par Jean Marais. France, 1973.

Geneviève Casile dans *Marie-Antoinette,* série télévisée en quatre épisodes réalisée par Guy Lefranc pour TF1. France, 1975.

Éléonore Hirt dans *La Nuit de Varennes,* réalisée par Ettore Scola, avec Marcello Mastroianni, en Casanova, entre autres grands acteurs et actrices. France/Italie, 1982.

Ursula Andress dans *Liberté, Égalité, Choucroute,* écrit et réalisé par Jean Yanne, et avec Michel Serrault dans le rôle de Louis XVI. France, 1985.

Ute Lemper dans *L'Autrichienne,* réalisée par Pierre Granier-Deferre. France, 1989.

Jane Seymour dans *La Révolution française,* réalisée par Robert Enrico et Richard T. Heffron. France/Italie/Allemagne/Canada, 1989.

Charlotte de Turckheim dans *Jefferson à Paris,* réalisé par James Ivory, avec Michael Lonsdale dans le rôle de Louis XVI. France/États-Unis, 1995.

Judith Godrèche dans *Beaumarchais l'insolent,* réalisé par Edouard Molinaro. France, 1996.

Joely Richardson dans *L'Affaire du collier,* réalisée par Charles Shyer. États-Unis, 2011.

Kirsten Dunst dans *Marie-Antoinette,* réalisée par Sofia Coppola. Dans ce film qui modernise l'image de la reine, adapté de la biographie écrite par la femme de lettres britannique Antonia Fraser, on se souvient de la fameuse paire de baskets Converse dans un placard de la reine à Versailles. États-Unis/France/Japon, 2006.

Diane Kruger dans *Les Adieux à la reine,* réalisée par Benoît Jacquot, d'après le roman de Chantal Thomas. France, 2012.

Maëlia Gentil dans *Un peuple et son roi,* réalisé par Pierre Schoeller. France, 2018.

Index des noms cités

Crédits iconographiques

1 © Fine Art Images / Bridgeman Images ; **2** © Leonard de Selva / Bridgeman Images ; **9g** © Boris Guilbert ; **9d** © Photo Josse / Bridgeman Images ; **10g** © Boris Guilbert ; **10d** © Bridgeman Images ; **11g** © D.R. ; **11d** © Christie›s Images / Bridgeman Images ; **12g** © MEPL / Bridgeman Images ; **12d**, **13g** © Bridgeman Images ; **13d** © Look and Learn / Valerie Jackson Harris Collection / Bridgeman Images ; **14g** © D.R. ; **14d** © SeM/Universal Images Group / Bridgeman Images ; **15g**, **15d** © Bridgeman Images ; **16g**, **16d** © D.R. ; **17g** © Bridgeman Images ; **17d** © Tallandier / Bridgeman Images ; **21** © Bridgeman Images ; **22-23** © Photo Josse / Bridgeman Images ; **25** © Bridgeman Images ; **26** © Boris Guilbert ; **29** © Bridgeman Images ; **30-31** © Photo Josse / Bridgeman Images ; **33** © Boris Guilbert ; **34** © Photo Josse / Bridgeman Images ; **37** © Photo Josse / Bridgeman Images ; **38-39** © De Agostini Picture Library / W. Buss / Bridgeman Images ; **43** © Bridgeman Images ; **44-45** © Leonard de Selva / Bridgeman Images ; **47** © Gift of Mrs Thomas T. Fleming, 1984 / Bridgeman Images ; **49** © Bridgeman Images ; **51** © Photo Josse / Bridgeman Images ; **53** © Bridgeman Images ; **55** © Boris Guilbert ; **56** © Archives Charmet / Bridgeman Images ; **59** © The Holbarn Archive / Bridgeman Images ; **60-61**, **62**, **64-65** © Bridgeman Images ; **66-67** © Archives Charmet / Bridgeman Images ; **69** © Fine Art Images / Bridgeman Images ; **71** © Bridgeman Images ; **72-73** © Peter Willi / Bridgeman Images ; **76** © Christie›s Images / Bridgeman Images ; **79** © Fine Art Images / Bridgeman Images ; **81** © Archives Charmet / Bridgeman Images ; **83** © Boris Guilbert ; **85** © Bridgeman Images ; **86** Photo Ken Welsh / Bridgeman Images ; **88-89** © Sony Pictures / Everett Collection / Bridgeman Images ; **90-91** © Pascal Lemaitre / Artedia / Bridgeman Images

Page 1 : Josef Hickel, *Portrait de l'archiduchesse Marie-Antoinette d'Autriche, reine de France*, musée national de Stockholm.

Page 2 : Portrait de Marie-Antoinette dans un plat du XVIIIe siècle (détail).

Direction : Jérôme Layrolles
Responsable éditorial : Boris Guilbert
Direction artistique : Charles Ameline
Conception graphique : Carole Peclers
Réalisation graphique : Marie-Laure Miranda
Relecture : Myriam Blanc
Fabrication : Cécile Alexandre-Tabouy
Photogravure : Chromostyle

Ventes directes et partenariats : dlichiardopol@hachette-livre.fr
Relations presse : epa@hachette-livre.fr

SOCIETE EUROPEENNE DE **PRODUCTION**

Édité par E/P/A
58, rue Jean-Bleuzen
92178 Vanves Cedex
Achevé d'imprimer en février 2021
par Graficas Estella, Espagne
Dépôt légal : mars 2021
ISBN : 9782376713227
3049402

L'éditeur tient à remercier Ladislas Brault pour son aide précieuse.